# 争斗决定成败

## FIGHTING SPIRIT DETERMINES SUCCESS

踔厉奋发，做好本职工作

宋娟
编著

中华工商联合出版社

图书在版编目（CIP）数据

斗争决定成败 / 宋娟编著 . -- 北京：中华工商联合出版社，2023.2

ISBN 978-7-5158-3590-7

Ⅰ．①斗… Ⅱ．①宋… Ⅲ．①企业管理 Ⅳ．①F272

中国版本图书馆CIP数据核字（2023）第055997号

## 斗争决定成败

| 作　者： | 宋　娟 |
|---|---|
| 出 品 人： | 刘　刚 |
| 责任编辑： | 于建廷　臧赞杰 |
| 装帧设计： | 周　源 |
| 责任审读： | 傅德华 |
| 责任印制： | 迈致红 |
| 出版发行： | 中华工商联合出版社有限责任公司 |
| 印　　刷： | 北京毅峰迅捷印刷有限公司 |
| 版　　次： | 2023年5月第1版 |
| 印　　次： | 2023年5月第1次印刷 |
| 开　　本： | 710mm×1000 mm　1/16 |
| 字　　数： | 240千字 |
| 印　　张： | 17 |
| 书　　号： | ISBN 978-7-5158-3590-7 |
| 定　　价： | 45.00元 |

服务热线：010-58301130-0（前台）
销售热线：010-58302977（网店部）
　　　　　010-58302166（门店部）
　　　　　010-58302837（馆配部、新媒体部）
　　　　　010-58302813（团购部）
地址邮编：北京市西城区西环广场A座
　　　　　19-20层，100044
http://www.chgslcbs.cn
投稿热线：010-58302907（总编室）
投稿邮箱：1621239583@qq.com

工商联版图书
版权所有　盗版必究

凡本社图书出现印装质量问题，
请与印务部联系。

联系电话：010-58302915

目 录

## 第一章
## 有信仰，铸造斗争基石 /001

找寻工作的意义 /003

信念坚定，斗争有力 /005

祖国永远是我们斗争的最大动力 /008

敬业是斗争精神的根基 /011

活着，就是不断挑战 /015

斗争就要久久为功 /019

## 第二章
## 懂责任，抓住斗争焦点 /023

斗争精神与责任担当紧密联系 /025

敢说一句"跟我走" /031

责任在8小时之外 /035

自信人生二百年 /038

敢牺牲是最大的负责 /043

承认错误是进步的垫脚石 /046

## 第三章
## 知来路，明确斗争方向 /051

你在为谁而战 /053

没有适合只有适应 /056

星光不负赶路人 /059

练就一双发掘乐趣的"火眼金睛" /060

居安思危只为明天的和平安宁 /065

## 第四章
## 定方向，找准斗争对象 /073

有导航的人生不迷路 /075

定位准，斗争路上更从容 /080

"SMART"目标制定原则 /081

一生做好一件事 /087

第一次就把事情做对 /092

# 目录

　　慢即是快 /097

　　提出问题和解决问题一样重要 /100

## 第五章
## 必执行，凸显斗争效果 /105

　　执行贵在自我驱动 /107

　　制度是落实的保障 /110

　　精益求精蕴藏在稳扎稳打中 /114

　　千锤万凿，石破天惊 /117

　　服从是执行的第一步 /120

　　用重点思维突破挑战 /123

　　团队合作是成功的保证 /127

　　事有终始，则近道 /130

## 第六章
## 养习惯，增强斗争本领 /133

　　积微成著，小习惯有大力量 /135

　　人际管理的四个原则 /138

　　你一思考，问题就害怕 /142

　　做时间的掌控者 /147

　　斗争本领都是学来的 /151

主动屏蔽外界的干扰 /154

抗压才能抗事 /157

应对挫折有方法 /160

# 第七章
# 敢创新，勇破斗争难题 /163

"不可能"就是用来挑战的 /165

做事要有"钻"的耐性 /169

要经验但不要被束缚 /172

拆除囚禁思维的栅栏 /175

批判精神永不褪色 /180

"黑天鹅"事件这样应对 /183

白日梦也能梦想成真 /185

# 第八章
# 抓问题，聚焦斗争力量 /189

斗争的实质就是解决问题 /191

"为什么"能告诉你答案 /194

养成发现问题的习惯 /198

解决问题从改变自己开始 /201

化繁为简是最实用的方法 /204

让他人的力量为你所用 /208

**第九章**
**抠细节，增加斗争胜率** /211

眼宜高，手宜细 /213
细节出成就 /217
细节决定成败 /220
小事不能小看 /224
细节也是一种创造 /228
处处留心皆学问 /231

**第十章**
**拒平庸，焕发斗争神采** /235

有勇气再试一次 /237
作斗争需要"三头六臂" /240
让自己成为问题"粉碎机" /244
处处是课堂，人人皆吾师 /248
苦中作乐方显英雄本色 /251
一万小时定律 /255
超越昨天的自己一点点 /258

第一章
# 有信仰，铸造斗争基石

第一章 有信仰，铸造斗争基石

## 找寻工作的意义

对你而言，工作有什么意义？

有人说是替老板打工，赚钱养家；有人说可以学到东西，塑造专业才能；有人说从来就没想过这个问题。还有一批人，他们把工作视为自我发展与完善的平台，把工作视为成长的过程、体现个人价值的途径，进而将自己与工作"天人合一"，从内心真正认同自己的工作，把最平凡的日复一日的工作干出日新月异的新气象。

简单来说，很多人把工作当成赚钱的工具，或是只把工作当成工作，而没有把工作当成自己的事业。成功励志大师卡耐基说，把工作当作与老板之间的交易，其实是一件极为痛苦的事。为什么会痛苦呢？他列出了3点原因：

1.将自己置于被动的、被剥削的地位，注定是工作中的剩余者，永远没有归属感，没有方向没有根，永远是工作中的漂泊者；

2.不会注重工作中的人际关系，每一位同事都是你的竞争对手，你就会想方设法将他们逐一打压，结果，你就没有朋友，只有敌人，你就成了工作中孤立的那一个；

3.过于在意工作中的利益得失，只要付出就想得到，没有回馈就绝不肯多付出一分辛苦，付出了得不到就会抱怨，甚至想跳槽，你就会形成斤斤计较的性格。

只是为了生活工作，为了赚钱工作，看似是"精明"和"现实"，殊不知在"入伍"的第一天就落伍了，就把自己置身于队伍的末尾。这种人注定成不了一个真正的工匠，只能算是一个工具，因为你没有在工作中注入自己的灵魂，所有的工作结果只是一种"死物"，缺少了"神"。

能够与各种挑战斗争的人，不会把自己局限在挣钱上，固然工作是他们的经济来源，但金钱回报绝不是唯一追求。具有斗争精神的人对工作有一种虔诚的热爱，这种热爱可以使他们敢于与任何困难作斗争。

很多人不清楚工作与事业之间，到底有什么不同。

工作，是指个人在社会中所从事的作为主要生活来源的一项活动；事业，是指个人所从事的具有一定目标、规模和系统的，对社会发展有影响的经常性活动。通常来说，工作是阶段性的，伦理规范要求他尽心尽力完成相应的职责，对得起所获得的报酬；事业是终身的，自觉自发地愿意为之付出毕生精力的一种"工作"。

要培养斗争精神，不仅要追求自身技艺的提升，更要提高视界，将工作放进组织、行业乃至国家、世界的范畴。具备这种心态，你对自己的定位才能更加高远，工作中自然会有大局观，从而做对事、做好人。

## 信念坚定，斗争有力

>有必胜信念的人才能成为战场上的胜利者。——希金森

"信念"一词正在被一部分人遗忘。在他们身上，我们看不到锐意奋进的影子，有的只是得过且过、敷衍塞责的浮躁。踔厉奋发，靠的不是浮想联翩、眼高手低、好高骛远，而是在日复一日的努力中汲取经验，积累资本，推陈出新。能够保证我们不骄不躁、踏踏实实去做事的，恰恰是被很多人抛之脑后的信念。正所谓，心中有信念，身上才会有力量；心中有信念，意志才不会坍塌。人生的创造，往往都跟信念有关。

雷锋的日记里有这样一段话："如果你是一滴水，你是否滋润了一寸土地？如果你是一线阳光，你是否照亮了一分黑暗……如果你要告诉我们什么思想，你是否在日夜宣扬那最美丽的理想？你既然活着，你又是否为了未来的人类生活付出你的劳动，使世界一天天变得更美丽……"

没有信念的人，是不会有作为的；靠信念支撑的行动，才能无怨

无悔地坚持下去。当下，不少人都心存这样的想法："如果多给我一点儿工资，我肯定比现在做得好。"现实告诉我们，持有这样观念的人，很难在工作中有所成就。原因就是，他觉得一切都在为别人而做，所谓的负责不过是为了增加回报的砝码，不认同忠诚的价值，也不相信兢兢业业工作的意义。说到底，就是内心没有一个坚定的、正确的信念，作为精神和行动的引导。

一位管理学家曾经到某大型电子公司做调查，他询问一线的工作人员："你的岗位主要负责什么工作？"有人说"组装部件"，有人说"搞焊接"，还有人说"我在这里干了20年，一直都在拧螺丝"。他们说的都是事实，可惜没有一个答案是管理学家想要的。对他来说，真正渴望听到的是这样的回答："做电子产品"，或是"加速人类与社会的联系，促进社会的进步发展"。

一个人为了金钱工作，工作只能是单调乏味的；只有为理想、为自己工作，才能找到价值与乐趣。

2005年被评选为"感动中国十大人物"之一的马班邮路上的信使王顺友，对自己的工作，他是这样说的："1985年，走了一辈子马班路的父亲，把他手里的马缰交给了我。他跟我说：'父亲老了，走不动了，这个班今后就交给你。'那年我才20岁，我走的路就是父亲走过的路，一走就是20年。

"我走的路，人烟稀少、气候恶劣，多数时候只能露天宿营，在山岩底下、草地上、大树底下搭个简易的帐篷就睡……最苦的是雨季，常常摔得满身是泥，夜里也只能裹一块塑料布睡在泥水里。到了晚上，山里更是静得可怕，我燃起火，也想家中的妻子儿女。其实，这些年我最难受的是觉得对不起我的家人，特别是对不起妻子和父亲。但我不能对不起邮路上的父老乡亲……我不怕困难，不怕吃苦，就怕别人说我工作没做好，做人不厚道。只要大家说我是个好人，是个合格的共产党员，我就满足了。"

王顺友先进事迹报告团，在全国各地做了多场报告，场场爆满。与其说是他的事迹感人，倒不如说是他对工作的态度引起了人们的共鸣与深思。在躁动的时代，王顺友的出现，就如同一壶清澈的水，给人们做了一次精神洗礼。

说实话，多少人的工作条件、生活条件、薪资收入都比王顺友要好、要高，却还是觉得工作没意思、没前途，他们缺少的不是物质的激励，而是精神上的信仰。如果我们都能有王顺友对待工作的态度，自然会明白什么是把工作当成事业，体会到秉承信念去做事的价值感和幸福感。

一位企业家说："我的员工中最可悲也是最可怜的一种人，就是那些只想获得薪水，而对其他一无所知的人。"那么，在工作这件事情里，除了薪水，我们还应该把目光投向哪里呢？答案有很多：学习、成长和理想。

同样一件事，对有工作信念的人来说，他会力求完美；对没有信念的人来说，就是无奈不得已而为之。当我们把工作与自己的职业生涯联系起来，秉持一份坚定的信念，才能够平和地化解工作中的一切问题，并从中体会到使命感和成就感。在平凡中坚守，是每个人都应当持有的事业观与价值观。

## 祖国永远是我们斗争的最大动力

曾任美国国防部海军次长的金贝尔，在评价钱学森时说："他抵得上五个师。"然而，钱学森却很谦虚地推崇另一个人："如果我的价值能够抵得上五个师，那么有一个人的价值至少要达到了十个师。"

是谁得到钱学森如此高的赞誉和评价呢？这个人就是，郭永怀。

1938年夏，中英庚子赔款基金会留学委员会举行了第七届留学生招生考试，参考者有3000多人，而力学专业只招收1人。结果，郭永怀、钱伟长、林家翘均以五门课超过350分的相同分数被同时录取。1940年，郭永怀一行来到加拿大多伦多大学应用数学系学习。1941年，郭永怀到美国加州理工学院学习，与钱学森一起成为世界气体力学大师冯·卡门的弟子，获得博士学位后留校任研究员。

1945年，美国康奈尔大学成立了航空研究院，郭永怀受聘任教。1946年到1956年的这十年是郭永怀物理系研究的黄金时期，他在此期间发表了大量的研究成果，特别是在空气动力学和应用数学方面的研究成果，更是震惊世界。

郭永怀从事的是科研工作，经常会接触到一些机密资料，而且他和钱学森一样，都是美国不想轻易放走的尖端科技人才。为此，美方就要求他填写一张调查表，其中有两项问题是："你为什么要到美国来？""如果发生战争，你是否愿意为美国服兵役？"

郭永怀的回答是："到美国来，是为了有一天能够回去报效祖国。如果发生战争，不愿为美国服兵役。"就这样，他失去了涉密资格，也上了美国政府的黑名单。

身在异国的郭永怀，没有一刻不在关注祖国的发展。那时，他和钱学森都是国防尖端技术的研究员。他们深知，如果没有原子弹的话，中国永远无法在美苏面前抬起头来，经济再繁荣，到头来也是一场空。

当时，被美国监视拘留了五年的钱学森，总算熬到回国的时刻。临行之前，他还不忘与郭永怀约定：一年后在祖国的土地上共同为祖国的崛起效力。钱学森回国后，郭永怀就坐不住了，他每天都在思索回国的事。当时，不少朋友劝他：康奈尔大学教授的职位很好，将来孩子也能在美国接受更好的教育，为什么总是惦记着贫穷的祖国呢？对于这种劝说，郭永怀非常气愤："家穷国贫，只能说明当儿子的无能！"

美国自然不愿意放郭永怀回国，那将会给他们造成巨大的损失。为了避开美国政府的阻挠，向来沉默的郭永怀，在西尔斯院长举行的欢送烧烤晚宴上，做了一个惊人的举动：他把自己多年来的研究数据手稿，全部扔进了炭火堆！那些资料都是最核心的研究成果，妻子李佩看到这一幕时也惊呆了，为此深感惋惜："何必要烧掉呢？回国还有用呢！"郭永怀却说："这些东西烧了无所谓，省得他们再阻挠我回国，反正这些早就已经印在了我的脑子里。"

1956年9月，郭永怀夫妇回国。回国之后，郭永怀开始负责原子弹的理论探索和研制。1964年10月16日，中国第一颗原子弹爆炸试验成功；1965年9月，中国第一颗人造卫星的研制工作再次启动，郭永怀受命参与"东方红"卫星本体及返回卫星回地研究的组织领导工作；1967年6月17日，中国第一颗氢弹爆炸试验成功！

1968年10月，郭永怀因遭遇飞机失事，不幸离世。当人们辨认出郭永怀的遗体时，他和警卫员牟方东紧紧地抱在一起。人们费力地把他们的遗体分开后，中间掉出了一个装着绝密文件的公文包，它竟然完好无损。

1999年，郭永怀被授予"两弹一星荣誉勋章"，他横跨了核弹、导弹、人造卫星三个领域，是迄今为止唯一以烈士身份被追授"两弹一星"奖章的科学家。

现在我们可以挺直腰板与世界谈笑风生，原因就是我们有撑起脊梁的底气。他们留给我们的不仅是不朽的学术成就，还有一份强烈的爱国情怀，那是永远值得珍藏的精神财富。他们用生命诠释了那句话："科学没有国界，但科学家有祖国。"

斗争路上有千难万险，没有强大的动力很难行稳致远。祖国和人民是每一个中国人漂泊在外的最大依靠，祖国和人民的利益也是每一个中国人接续奋斗的最大动力。

## 敬业是斗争精神的根基

2015年9月3日，中国抗日战争胜利70年大阅兵在北京举行，一件件"国之重器"展示了中国力量。当人们的目光被这些武器吸引的时候，很少有人想到或知道，那些站在武器装备背后的人——大国工匠。

毛腊生是中国航天科工首席技师，他的工作主要是铸造导弹的舱体。这项了不起的事业落实到具体的实践中，其实有着常人难以忍受的枯燥。很多人大概不会想到，毛腊生在整整39年的时间里，做得最多的事情不是研究制图和结构，而是每天跟沙子打交道！

在周围人眼里，毛蜡生是一个看起来有些"无趣"的人。他几乎没有什么爱好，有时连表达都成问题。当别人沉浸在喧闹、刺激的娱乐活动中时，他将所有的心思都放在枯燥的翻砂工作中。恰恰是这份"无趣"，让他积累了厚重的潜力，将所有的心思、时间和精力，倾注到自己的工作中，沉稳专注、精益求精。

在他身上，"无趣"并不是"木讷"的代言，而是对专注和敬业淋漓尽致的诠释。若不是真的热爱，心怀责任与敬畏，如何能在漫长的39年里无怨无悔、甘于寂寞呢？他的内心始终保持着一份安静和淡然，有自己的主见，不为外物所动。

真正的作为，从不是只有轰轰烈烈一条路，在笃行不怠中积跬步而至千里。这样的人不只是技艺精湛，更重要的是，在精神上超越常人。那份崇高的职业素养，矢志不渝的匠心，才是更值得称赞的优秀与伟大。

敬业，与一个人从事什么职业，并没有多大关系。著名管理咨询家蒙迪·斯泰在给《洛杉矶时报》撰写的专栏里写道："每个人都被赋予了工作的权力，一个人对待工作的态度决定了这个人对待生命的态度。工作是人的天职，是人类共同拥有和崇尚的一种精神。当我们把工作当成一项使命时，就能从中学到更多的知识，积累更多的经验，就能从全身心投入工作的过程中找到快乐，实现人生的价值。这种工作态度或许不会有立竿见影的效果，但可以肯定的是，当'应付工作'成为一种习惯时，其结果可想而知。工作上的日渐平庸虽然从表面看起来只是损失了一些金钱和时间，但是对你的人生将留下无法挽回的遗憾。"

的确，在社会分工的任何一个岗位上，没有不重要的工作，唯有不重视工作的人。工作的高低之分，不在于工作本身，而在于做事的人是否敬业。只要发自内心地尊敬自己的工作，认认真真、踏踏实实地做好每件事，努力实现自我的社会价值，就是具备了敬业精神。唯有具备敬业精神，斗争精神才有根基。

一位企业家曾经在员工品德和精神大会上说过这样一番话:"当你看到一个人为工作忙碌而感到高兴,为自己闲下来而痛苦时,毫无疑问,他一定是个敬业的人。"

这番话说得很中肯。放眼望去,有哪个敢拼肯干的人是无所事事的?有哪个优秀的人需要人再三催促才去做事?他们通常都很积极主动,一刻都不愿让自己闲下来,在对作品的精雕细琢中找寻乐趣,将工作视为提升自我价值的机会。

林俊德是谁?对于这个名字,大概不少人会觉得陌生。

他是一位将军,一名院士,坚守罗布泊52年,参与了中国的45次核试验任务。他一辈子隐姓埋名,直至离世前几小时的一张照片,才让整个中国知道他、走近他、了解他。

林俊德于1938年3月13日出生在福建省永春县的一个山村,那里既偏僻又贫穷。读完小学之后,林俊德就被迫辍学了。后来,依靠政府的资助,他读完了中学,并在1955年考入浙江大学。在大学的五年里,他所有的学费都是靠政府的助学金支付的。1960年,从浙江大学机械系毕业的林俊德被分到国防科委下属的一个研究所,开始了他报效祖国的一生。

国防科学工作要求严格保密,林俊德跟千千万万国防科学工作者一样,默默地奉献着。他们不可能出现在荧幕上,去享受瞩目的荣光;他们也不能出现在报纸上,让人知晓自己的名字;他们甚至在父母妻

## 斗争决定成败

儿面前，也要保密自己的工作内容。灯红酒绿的世界，离他们甚远；富贵显赫的荣耀，也与他们无关。他们的一生，大都在荒漠戈壁中度过，默默无闻。只有在他们去世之后，那些动人的事迹才会被我们这些被他们保护着的人知晓。

1964年10月16日15时，通过自己的努力，我们成功地引爆了原子弹。罗布泊一声巨响，蘑菇云腾空而起，为了搜寻记录爆炸数据的设备，在蘑菇云还没有散去时，穿着防护服的科技人员就已经冲进了烟云中，而林俊德就在其中。那一年的他，只有26岁。

为了能在第一时间拿到科研数据，年轻的林俊德没有畏惧核辐射。当时，西方国家在这方面对中国进行严密封锁和打压，但他们怎么也没想到，在这些获取爆炸数据的设备中，有一个设备竟然是林俊德用不起眼的闹钟和自行车轮胎制成的。

原子弹成功爆炸后的第一时间，现场总指挥张爱萍将军格外激动，他立刻向周恩来总理报告。周总理十分欣喜，但严谨的作风促使他冷静地追问："如何证明是核爆成功？"这时，浑身沾满尘土的林俊德拿着数据匆匆赶到，张爱萍将军即刻向周总理汇报："冲击波的数据已经拿到，这次爆炸是核爆炸，爆炸当量为2万吨。"

我们的核试验终于成功了！中国从此拥有了自己的战略武器。

没有基本的敬业精神，就难以成为一个优秀的人。说到底，敬业是一种人生态度，无须任何人强迫，发自内心地想去做好一件事，渴望在工作中安身立命，在完美中获得心安，对得起自己，对得起社会，对得起国家。把工作的好坏与自身荣辱联系起来，这种使命感促使着他们对工作严肃认真，全力以赴地追求梦想。

这一刻，扪心自问：你有没有把生命的信仰和工作联系在一起？你能否尽职尽责地努力完成每项任务，不讲任何条件？你能否在遇到挫折、期望落空的时候，继续保持向上的动力，忘记辛苦和得失，一心一意把工作做好？如果不能，那么你最该做的不是换工作，而是换一种工作态度。

## 活着，就是不断挑战

> 整个生命就是一场冒险。走得最远的人，常是愿意去做，并愿意去冒险的人。——卡耐基

优秀员工必备的品德之一就是勇敢接受挑战，无所畏惧地向困难宣战。

钢铁大王卡内基是这样描述他心目中优秀员工的："我们所急需的人才，不是那些有多么高贵的血统或者多么高学历的人，而是那些有着钢铁般坚定意志，勇于向工作中的'不可能'挑战的人。"

南仁东在其人生最后的22年里，只干了一件事、实现了一个梦想，

斗争决定成败

那就是建成了直径500米、世界最大、最为灵敏的单口径射电望远镜，用生命铸就了世界瞩目的"中国天眼"。

"中国天眼"是国之重器，然而很多人不知道，关于FAST的一切，最初只是南仁东心中一个朴素的想法。

那是1993年，南仁东参加了日本东京召开的无线电科学联盟大会。当时，参会的外国科学家提出，要建造新一代射电望远镜，稳固西方国家在天文研究领域的霸主地位。这番话刺激并触动了南仁东，他暗下决心，要让中国在宇宙探索中迎头赶上，从跟跑者变成领跑者，研究出中国自己的大射电望远镜。

这是一个多大的挑战呢？当时，中国最大的射电望远镜口径只有25米，而他要建造的是500米口径的射电望远镜！难度可想而知。

如此大的射电望远镜，要建在哪儿呢？

南仁东认为，FAST最好建在大山深处的山谷洼地，能有效远离电磁干扰。为了寻找合适的台址，他带着300多幅卫星遥感图，花费了12年的时间，几乎走遍了中国西南的所有大山，踏遍了大山里所有的洼地。在实地勘察了80多个洼地后，最终选择了贵州平塘的大窝凼。

选址的艰辛只是建设FAST坎坷之路的开始，如此庞大的项目，资金是一个重要的问题。为了FAST立项，南仁东四处"化缘"，无论是什么会、在国内还是国外，他逢人就介绍大望远镜项目，不厌其烦地把一个概念向不同的人解释无数遍。2007年，南仁东的努力有了成效，FAST被列为"十一五"国家重大科技基础设施项目。

这份喜悦没有持续太久，2010年，FAST索网的疲劳问题又带来一场风暴。

FAST远观像一口大锅，其实是由4000多块镜片精密拼接成的一个整体反射面，控制镜片的就是兜在镜面下方的钢索网。南仁东和同事们设计了世界上跨度最大、精度最高的索网结构。可是，FAST不同于一般的索网，它不但要承受1600吨的重量，还需要像弹簧一样来回伸缩，带动镜片灵活移动，精确地追踪天体。

要达到这样的效果，FAST所需要的钢索，无论是抗拉强度还是使用寿命，都远超国家工业标准。他们从不同厂家购买了十几种钢索，却都不能满足望远镜的需求，查遍国内外相关的论文资料，即便是最好的实验数据，也只能达到预期要求的一半。

那个时候，台址已经开挖了，设备基础建设迫在眉睫。如果钢索做不出来，整个工程就没有办法继续。那段时间，南仁东焦虑到了极点，每天都在念叨着钢索。几经思虑，南仁东突然意识到，超越性的技术是等不来的，也是买不来的，既然没有现成的，那就自己做吧！

技术攻关战开始了！南仁东带领团队不断地设计方案，咨询国内相关领域的专家，他日夜奋战，每天与技术人员沟通，想办法在工艺和材料上找突破口，待在车间一周又一周。历经700多个日夜的煎熬，经历了近百次的失败，他们总算是改进了钢索的制作工艺，成功通过了抗疲劳实验，研制出了满足FAST工程要求的钢索。

这种世界上独一无二的钢索，给了FAST坚固而灵活的"骨架"；

## 斗争决定成败

这种自主创新的技术，成功应用到港珠澳大桥等重大工程中，让国家和人民受益匪浅。此时，22年已经过去了，这对南仁东而言，可谓是一场"长征"了。期间的艰辛曲折，唯有经历的人才会懂得。

在FAST竣工落成的当天，南仁东站在FAST圈梁上，望着"初长成"的大望远镜，憨厚地笑着，欣慰地说：这是一个美丽的风景，科学风景。22年，南仁东把一个朴素的想法变成了国之重器，成就了中国的骄傲。"中国天眼"不负众望，人类花了30年发现了1000颗脉冲星，而截至2022年7月，FAST已经发现了660余颗新的脉冲星。

或许，对于大多数普通人来说，大型天文项目与自己距离遥远，但南仁东在面对挑战时的磕磕绊绊，却是每个人都有过的。回头想想，我们在工作中也总会遇到"烫手的山芋"，比如高难度的任务，艰苦恶劣的环境，摇摇欲坠的危机……做好了皆大欢喜，做不好满盘皆输。在这样的情况下，不少人都会选择明哲保身，不愿冒险。

再难的事也总要有人去做，再麻烦的问题也总要有人去处理。航海领域有个不成文的规定，当一艘船遇到危险要沉没的时候，船长是要最后一个离开的，甚至有的船长干脆选择和船一起沉没。如果你能在困难时挺身而出、担起大任，无论成败与否，这种精神都会令人尊敬。尽管承担重任的过程需要付出更多，可能充满痛苦，但痛苦却是促人成熟的必经之路。

人都有一定的舒适区，若想超越自己当下的成就，就不能画地为牢，更不能想着逃避挑战，躲在安全区里不出来。工作中，对害怕危险的人来说，危险无处不在。正所谓，不进则退，你害怕面对，你不敢接受挑战，那就会被超越，被淘汰。

很多事情，不管是否能顺利、出色地完成，总得先有人尝试着去做！毕竟，做才有成功的可能。在这个关键时刻，社会最需要的就是有胆识的人，能无所畏惧地接受挑战，积极地处理问题，绝不退缩。

有句话说，思想决定命运。不敢接受高难度的工作挑战，就是对自己的潜能没有信心，这种思想最终会让自身无限的潜能化为乌有。当然，仅仅有接受挑战的勇气还不够，重要的是在接受挑战后，能排除万难，坚定地走下去。

人生最精彩的篇章，不是你在哪一天拥有了多少财富，也不是你在哪一刻赢得了赞誉。最振奋人心的、最令人难忘的，也许就是你在某一个艰难而关键的瞬间，咬紧牙关战胜了自己。如果你想摆脱平庸，拥有卓越的人生，那就先丢掉内心的恐惧和退缩，勇敢斗争吧！

## 斗争就要久久为功

三分钟热度，是当下不少年轻员工的通病。做一件事，开始总是干劲十足，可过不了多久，就松懈了，三天打鱼两天晒网，渐渐失去了动力。直到有一天，看到自己身边的人在该领域做出了不菲的成绩，才又感叹：倘若当初我坚持做下去，情况又会如何？

斗争决定成败

　　成功的光环，永远都是最惹眼的，可成功背后的辛苦，却总是冷暖自知。在这个人才辈出、诱惑不断的时代，要秉持一颗进取之心真的不易，你得有精湛的技艺，过人的才能，还要有矢志不渝的决心和坚持不懈的努力。

　　斗争精神，讲究的是脚踏实地，而非豪言壮语。与其大喊着要实现抱负，不如从切实可行的小事做起。若都是随便想想，或是随心所欲，不肯坚持和努力，那么纵然有万千创意，到头来也只能欣赏别人成为传奇。

　　优秀的成功者，都具备锲而不舍、勤奋努力的特质。世上没有唾手可得的成功，不认真付出、不刻苦去学、不执着追求，就无法从平庸走向卓越。

　　勤奋，不只是平凡者走向成功的道路，也是成功者保持领先的必修课。俄罗斯"花游女皇"纳塔利娅说："即便我们领先别人一大截，但我们依旧每天训练10个小时，这是我们成功的秘诀。"哪怕此刻的你，已经很优秀了，但若不勤奋，一定会被别人超越。

　　斯蒂芬·金是国际有名的恐怖小说大师。他几乎每一天都在做着同样的事情：天蒙蒙亮就起床，伏在打字机前，开始一天的写作，即使在没有灵感的时候，在没什么可写的情况下，每天也要坚持写5000字。一年内，斯蒂芬·金只给自己三天休息的时间，剩余的每一天都是在勤奋的创作中度过。斯蒂芬·金的努力没有白费，勤奋带给他的不只是世界超级富翁的头衔，还给了他永不枯竭的灵感。

## 第一章 有信仰，铸造斗争基石

勤奋是保证高效率的前提，也是提升能力必做的功课，唯有勤勤恳恳、扎扎实实地去雕琢每一天、每一件事，才能将自己的潜能发挥出来，去创造更多的价值。没有事业至上、勤奋努力的精神，就只能在懒惰懈怠中消耗生命，甚至因为低效而失去谋生之本。

一个人若是萎靡不振、浑浑噩噩度日，他的脸上必定是毫无生气的，做事的时候也不可能有活力，更难出成果。你比别人做得少了，短期内是轻松了，但在激烈的竞争中，一个无法全身心投入到工作中的人，势必会被淘汰。倘若本身意识不到问题所在，后续的日子依旧如此，那么到最后，就把自己推到了边缘人的境地，再没有任何的实力去与别人抗衡。

无论你现在从事的是什么工作，也无论你的职位高低，只要勤勤恳恳地去努力，终会在付出中有所收获。

你有一份稳定的工作，有一个完整的家庭。听着别人说，平平淡淡就是福，心里充满了喜悦感。许多年过去了，突然发现，自己拥有的始终是这么多，甚至还有所倒退。

你是一家公司的高管，拿着高薪，享受着优越的办公环境，你就觉得自己现在可以松一口气了，终于坐到了自己想要的位子。安心度日没几年，你慢慢发现自己不能很好地适应这份工作了，你的上司似乎变得越来越苛刻，你的下属变得越来越难管。

问题究竟出在哪儿？为什么生活越来越不如愿了？很简单，不是你不够努力，而是比你优秀的人比你更努力。

真正灿烂的人生都是在斗争中不断进步，永不知足，永不停歇。如若思想上停留在满足的状态，那么行动上不管是主动还是被动，都是一种浪费。思想决定着动机，满足于现在的安逸和稳定，自然就不会再斗志昂扬地拼搏和进取。

如果你的梦想还没有实现，如果你对现在的状态并不满意，只是贪恋一份安逸，那么不如从现在开始，尝试着做出一点改变，每天多努力一点点，朝着正确的、心中所属的目标前进。或许，成功看似还很远，但只要路是对的，坚持走下去，总会有收获。停留在此刻，等待的唯有生命力的枯竭。

## 第二章
# 懂责任，抓住斗争焦点

## 斗争精神与责任担当紧密联系

欲尽致君事业,先求养气功夫。——陆游

希腊神话中,人始终背负着一个行囊在赶路,肩上担负着家庭、事业、朋友、儿女、希望等,历尽艰辛,却无法丢弃其中任何一样东西。因为,行囊上面写着两个字:责任。

走出神话,回归现实,亦是如此。每个人在生活中扮演着不同的角色,无论出身贫寒或富贵,都当对自己所扮演的角色负责。文成公主远嫁吐蕃,花木兰代父从军,张骞通西域,玄奘西游取经……都是在做自己该做的事,尽自己该尽的责任。

人可以清贫,可以不伟大,但不能没有担当,无论何时都不能放弃自己肩上的责任。有担当的人生才能尽显豪迈与大气;有担当的家庭才有安稳与幸福;有担当的社会才能有和谐与发展。只有勇敢承担责任的人,才会被赋予更多的使命,才有资格获得更大的荣誉。丢掉了担当，就会失去别人对自己的尊重与信任，最终失去所有。

经常会听到一些年轻人抱怨，说领导给自己安排了太多的工作，却从来没有提加薪的事，自己一点儿动力都没有，每次都是敷衍了事。说这些话的员工，其实是很不负责任的。试想一下：医生能因为工资低、病患多，就敷衍了事地对待患者、马马虎虎地去完成一个手术吗？护士能因为总加班、琐事多，就漫不经心地给患者用药吗？

不要觉得，只有这些与生命息息相关的工作，才需要兢兢业业、谨小慎微、尽职尽责，任何一个组织、任何一个职业、任何一个岗位，都需要负责任、有担当的员工。你玩忽职守、随随便便，就等于放弃了工作中最宝贵的东西，也势必会为此付出沉痛的代价。这种代价，或是金钱，或是生命。

12时04分09秒，639："我撞鸟了，我要调整跳伞。"

12时04分15秒，639："看迫降行的话，我把起落架收起来了。"

12时04分18秒，639："我把起落架收起来，迫降！"

12时04分25秒，飞机解体爆炸。

这段录音是飞行员李剑英最后和塔台的三次通话。他为什么要调整跳伞，又为什么冒着生命危险放弃跳伞选择迫降？让我们回到2006年11月14日，看看那一天到底发生了什么。

那天，兰空某团驻地天气不错，空中云朵不多，能见度大于10公里，是一个适合飞行的好天气。上午11时17分，飞行员李剑英（代号

639）驾驶某型歼击机双机起飞，执行空中巡逻游猎任务。

经过常年的训练，李剑英在完成起飞、出航、空域动作和返航、解散加入起落航线的过程都很顺利。可是，没有人预料到，这竟然是李剑英最后一次和自己心爱的战机冲上云霄了。

12时02分，飞行员李剑英接连向指挥员报告情况，指挥员接到后回答，检查好三转弯即可着陆。12时04分09秒，当飞机的高度下降至194米，距离机场2900米的时候，突然遭遇鸽群撞击，发动机发出了"砰"的一声巨响。

李剑英开始跟塔台联络，就是我们上面看到的那一段录音。在整个通话的过程中，他的声音始终保持沉稳，没有丝毫的紧张慌乱。16秒的时间，告别竟然是这样的短暂，这样的突然。在最后的时刻，李剑英选择了放弃跳伞，放弃能够生存的三次机会，毅然决然地离开了那片沃土，那片蓝天。

到底是什么原因，让李剑英三次放弃生存的机会呢？

大家都知道，鸟撞飞机是一个世界性的航空难题。有些飞机有两个或多个发动机，撞鸟后可紧急关闭被打坏的发动机，实施迫降。可是，李剑英驾驶的战机是单发机型，想要着陆难度巨大。

在他第一次报告鸟撞飞机的时候，战机距离机场跑道2900米，高度是194米。瞬间，机身就开始剧烈抖动，发动机转速陡然下降，温度急剧上升，战机以平均每秒11米的速度下降。遇到这类情况时，飞行员通常都会报告"我撞鸟了，跳伞"，可他在报告中却说"要调整跳伞"，他到底要调整什么呢？

调查发现，在鸽群撞击点到飞机坠毁点2300米跑道延长线的两侧6800米范围内，有7个自然村，一处高速公路收费站，还有一个砖瓦厂。沿下滑轨迹依次分布3个村庄，共268户，住着3500口人。李剑英何尝不知道，跳伞就有了生存的机会？可他更加清楚，如果飞机坠毁了，落在村庄里，牵扯到的就不仅仅是一条生命了。作为一个有着多年经验的飞行员，他和战机常年做伴，要做出跳伞、抛弃战机的决定实在太难了，但凡有一丝的希望，他都会把战机驾回去。

凭借着精湛的飞行技术和良好的心理素质，李剑英稳稳地操控着驾驶杆，努力把即将失控的"战鹰"驾驶到没有人烟的跑道延长线，并沉着地向指挥员报告："看迫降行的话，我把起落架收起来。"眼看着战机就要接近跑道延长线，他再次报告："我把起落架收起来，迫降！"战机急速下降，在12时04分25秒，爆炸解体，李剑英粉身碎骨，与飞机的残骸融为一体。

飞机解体后，发生的爆炸一直持续了两个小时。爆炸现场距离最近的一位群众不到20米，所幸没有任何群众伤亡。当时飞机上有800多公升的航空油，120余发航空炮弹，1发火箭弹，一旦跳伞后飞机失控，会给群众带来巨大的灾难。当时的指挥员目睹了李剑英的壮举，他说："李剑英完全可以跳伞保住自己的生命，可他毫不犹豫地选择了牺牲，这是一种坦荡，一种无私，一种高尚的境界。"

为了保住人民群众的生命财产安全，李剑英发扬了人民军队的优良作风，让那16秒钟的抉择，成为人生最壮丽的篇章。

没有对国家、对人民的担当，一个人怎么可能在生死关头放弃自己的生命？李剑英的舍生取义，正是人民军队为人民的有力诠释，是一种伟大的不忘初心的责任意识。

工作，就意味着责任。世界上没有不需要承担责任的工作，不能以职位低、薪水少为由来推卸责任。你要明白，责权利是统一的，你若连最基本的工作都不屑于做好，那组织如何放心让你去挑起更重的担子，扛起更大的责任？

什么样的员工才称得上有责任心、有担当？

**1. 勇敢承担责任，坚决完成任务**

很多人对马拉松比赛都不陌生，但真正了解这项比赛因何诞生的人却寥寥无几。

公元前490年，希腊与波斯在马拉松平原上展开了一次激烈的战斗，希腊士兵打败了入侵的波斯人。将军命令士兵菲迪皮茨在最短的时间内把捷报送到雅典，给深陷困顿的雅典人带去希望。接到命令后，菲迪皮茨从马拉松平原马不停蹄地跑回雅典，那段路程大约有40公里。当他跑到雅典把胜利的消息带到的时候，他却因过度劳累倒下了，再也没有起来。

为了纪念这位英勇的士兵，在1896年希腊雅典举行的近代第一届奥林匹克运动会上，人们用这个距离作为一个竞赛项目，以激励那些敢于承担、坚持完成任务的人。

在组织中工作，从接到命令和任务的那一刻起，就应当立刻执行，并抱着坚决完成任务的信念，克服种种困难。因为，这是你的工作，也是你的责任。

**2.虔诚地对待工作，把工作当成使命**

古希腊雕刻家菲狄亚斯被委任雕刻一座雕像。当他完成雕像，雅典市的会计官却拒绝支付报酬，理由是他把雕像的后面雕刻得和正面一样美丽。"没有人去关注这座雕像的背面！"

菲狄亚斯坚信人们会见证自己的努力，也坚信自己的雕像是完美的作品。事实也的确如此，在两千多年后的今天，那座雕像依然伫立在神殿的屋顶上，成为受人敬仰的艺术作品。

在菲狄亚斯看来，雕塑是他的工作，也是他的使命。他的内心有自己的工作标准，无论外人怎么看，他都认定自己的雕塑是完美的；不管有没有人监督，他都虔诚地对待自己的工作。正是这种强烈的责任心和兢兢业业的精神，成就了传世杰作。

也许你不是雕塑家，但你却可以像菲狄亚斯一样，把自己的工作当成一种使命，以高度的责任心和严格的标准完成它。在接受一项任务的时候，由衷地热爱它，努力地做好它，这就是实实在在的担当！

**3.主动自觉地去工作**

一家知名企业曾在某名牌大学的礼堂举行专场招聘会，不少学生积极应聘，希望能进入这家企业工作。可是严苛的招聘条件，将许多热情的学生拒之门外。招聘会散场时，礼堂里有一把椅子的座套被碰掉在地上，学生们从旁边陆续经过，一个、两个、三个……这时，有个年轻的女孩主动弯腰捡起座套，掸掉灰尘重新把它套在了椅子上。

负责招聘的人力资源部经理恰好看到了这一幕，她问那个女生是不是大四的毕业生，女孩说自己在读大三。经理觉得很惋惜，说如果这个女孩是应届毕业生，不需要任何面试，就会录用她。助理问及缘由，经理说："大概有20多个毕业生经过那个地方，却没有一个人弯腰捡起座套，这也说明，他们没有养成主动做事的习惯。"

如果你想登上成功之梯的最高阶，就要保持负责的工作态度。即使你面对的是毫无挑战或毫无趣味性的工作，但你若能意识到自己的责任，那么你就会产生主动做事的欲望，最终得到丰厚的回报。因为，机会永远垂青有担当、不推卸责任的人。

## 敢说一句"跟我走"

"精神力（spirituality）"一词1900年首次出现在有关管理学的论文标题中，而今它已成为管理学者最为关注的热点话题之一。"Spirituality"翻译成中文是精神力，但在英文中它还有"灵性""灵修"的意思，所以我们要认识到，它其实是一个很形而上学的概念。

在与工作中的问题进行斗争的过程中，必然需要敢为人先的勇气，毕竟，困难面前，总要有个人振臂一呼："跟我走。""人无头不走，鸟无头不飞"，我们应该试着成为这样的人，这就需要锤炼我们的精神力。在"修炼"精神力之前，先要掌握让人心甘情愿"跟我走"的能力。那么，人们一般愿意跟什么样的人走呢？对这个问题，你是否认真思考过？

- 是一心钻研的技术大拿？
- 是气场强大的"霸道总裁"？
- 是八面玲珑的情商达人？
- 还是业务能力强的攻坚高手？

以上人物的优点都是可以让人更加信服你的因素之一。但是，这些因素单独拿出来任何一个，都无法达成"跟我走"这个最终目标。事实上，人们最愿意长久追随的人只有一种人，那就是——在精神上拥有强大向心力的人。

为什么这么说？我们可以站在员工的角度来考虑这个问题。

从实际情况出发的话，员工在不同的阶段愿意追随的领导类型也是不同的。

当他初入职场时，他最愿意跟着那些能教导他、给他锻炼机会的领导走；当他有了一定的能力、正处在上升的关键期时，他最愿意跟着那些能委以重任、给他更多的工作，给他对等报酬的人走；当他有了家庭、生活稳定之后，他愿意跟着那些充分信任他、放权给他实现自身更高价值的人走……

综上所述，客观来讲，不同阶段的员工，他们需要的领导是不一样的。但是，这个"不一样"，指的是管理方法和行事方式的不一样，而不是不一样的人。究其本质而言，他们需要的其实是同一类人，即"在精神上能够理解他们、吸引他们的人"。正因为此，我们才把精神力当作塑造团队向心力的关键点。

现在，我们已经把一些管理的要素统一到了精神力这个范畴。接下来，我们要做一件相反的事情——把精神力所囊括的重要因素，按照重要程度逐一分解出来。

- 精神力第一要素——理解并尊重人们的付出

理解和尊重，是一个领导者首先要有的精神力。如果你无法理解你的组织成员，不尊重他们的付出，那么你就无法在精神上与他们沟通。道理很简单，成员得不到理解和尊重，就很难怀有感恩之心。

双方互不感恩，即便是通过工作关系将双方联系到了一起，那么这种联系也是脆弱的，不牢固的。当你只能用行政命令"强迫"自己的团队成员时，其实你已经失败了。

所以，理解和尊重是精神力的第一要素，因为它事关"感恩"。

- 精神力的第二要素——敢于信任员工

作为一个组织的带头人，要明白一件事，信任是非常关键的一项投资。换句话说，首先你得学会信任你的组织成员；其次，你要搞明白什么样的人值得信任。不信任自己的伙伴，是无知；信任了不该信任的伙伴，是愚蠢。信任的背后是智慧，是担当的智慧、识人的智慧、博弈的智慧。

所以，信任就是精神力的第二要素，因为它事关管理的"智慧"。

- 精神力的第三要素——正直

人们常说："上梁不正下梁歪。"精于算计、蝇营狗苟的领导，手下必定是一帮朝秦暮楚的投机主义者；做事不公道、一心谋私利、罔顾团队利益的领导，手下的人也日渐变得短视、自私……总而言之一句话：领导不正直，基层小人多。

那么，结论就很简单了。一个由小人组成的基层，一定是缺乏团队向心力的，面对这样的一群人，当你说"跟我走"的时候，他们会有怎样的反应？很显然，他们会在内心打自己的"小算盘"：有利可图的时候，我就跟你走；要攻坚、要打硬仗的时候，谁跟你走？

所以，我们强调做人一定要正直。因为，先有正直的领导，才有正直的员工，最后才有正直的团队。正直的团队意味着什么？意味着大家的价值观是积极的，是非观是一致的，意味着大家不仅可以在一起"吃肉"，也能在一起"啃硬骨头"。

现实并不总是尽如人意。有好处的时候不用说，员工一般会跟着你走，可我们都知道，一个团队在长期的发展过程中，必然会遇到挫折，而这个时候，才是体现"跟我走"这三个字真正意义的时候。倘若在这个时候，你没能用自己的正直，引导出一个同样正直的团队，"跟我走"这三个字是不会起任何作用的。

所以，正直是精神力的第三个要素，因为它事关团队在逆境中的表现。

理解与尊重是团队感恩氛围的基础，信任是你是否具有管理智慧的体现，正直是一个团队是否能在逆境中依然不丧失战斗力的核心。因此，精神力对于团队管理者来说有四个外在表现——理解、尊重、信任和正直；对于团队来说又注入了三种精神内核——感恩、智慧和逆境商数。所以，精神力必不可少。

## 责任在8小时之外

> 一个人若是没有热情，他将一事无成，而热情的基点正是责任心。——列夫·托尔斯泰

如果你足够细心的话，你会从那些出色的工作者身上发现一个共性：无论环境好坏，无论能力高低，无论任务难易，只要是与组织有关的一切事务，他们都乐意去承担、去解决，绝不会因为怕担责任而拒绝，或是逃避。

对工作的热爱，不是两三天的新鲜劲儿，也不是靠高薪来维持，而是时时刻刻把责任装在心里，无论是否有人提醒告知，都会铭记一点：这是我的工作，这是我的责任！

多年前，一个代表团到某地洽谈商务。代表团先导的车开得比较快，为了等后面的车队，就停在了高速公路口的一个临时停车场。突

然，一辆跑车停在了旁边，下来一对夫妇，他们询问先导是不是车子坏了，需不需要他们的帮助。

这样的情景让先导很感动，但同时也很纳闷：他与这对夫妇只是陌路，他们为何如此热情？后来，先导才知道，原来这对年轻的夫妇是该国某汽车集团的员工，而先导所开的车正是该汽车集团生产的。

回忆起这件事，代表团的工作人员感慨良多："这对夫妇开着跑车，也许是去度假，也许是去处理其他的事情，但无论去哪儿，显然都是在非工作时间、非工作场地，就因为我们停靠在路边的车是他们公司生产的，就对一个与自己工作职责没有任何关系的问题给予高度的关注。显然，他们已经把与公司有关的任何问题都当成了自己的问题，这种对工作的热爱、对工作的责任心，着实令人感动和尊敬。"

组织中不乏有责任感之人，但与这对夫妇相比，许多人的责任心是分时间和地点的：下班走出办公室大门的那一刻，工作就完全被抛在了脑后。更有甚者，对工作的热情完全是在表演，一旦领导离开了视线，就会松懈下来、敷衍应付。

这样的员工，并不是真的热爱工作，心里也没有"责任"二字。说到底，我们每个人都是在为自己工作，而不是为上司、为老板工作。真正的负责，是不管什么时间、什么地点、领导在与不在，都把组织的事当成自己的事，始终如一。

虽然冲锋陷阵、攻坚克难能够彰显斗争精神的可贵，但是更多的斗争往往在日常的平凡工作中，不需要生死诀别，不用艰深的知识，只需要你多想一点、多做一点，日久天长，变化就是翻天覆地的了。尤其是日常工作中，我们面对更多的是常规任务，但这不代表我们可以随意应付，要想在平凡的岗位上做出不凡的成就，没有与自我斗争、与琐事斗争的决心是不行的。

一个年轻的小伙子，在偌大的车间里认真地捡小零件，身边的同事不停地催促他："你走不走呀？天天费这个劲干吗？工作了一天这么累，还捡这玩意儿干吗？都是没用的东西。再说了，你帮公司捡，公司也不给你钱。弄不好，还会落得一个出力不讨好的下场，有些人说话可难听了。"小伙子笑笑，让同事先走，继续捡他的零件。

这一幕，刚好被车间领导看到。领导问他："别人都下班了，你怎么不走？捡这些没用的小零件做什么呢？"

小伙子说："大家都习惯把这些小零件到处乱扔，不收拾一下车间就太乱了。况且，我觉得一个零件就是一个硬币，扔了怪可惜的，要是都积攒起来，也不少呢！"车间领导点点头，并未多说什么。那个小伙子，也继续安静地捡他的零件。

几个月后，小伙子被提拔为车间副班长。

其实，工作这件事是很公平的，它总是会给愿意付出的人丰厚的回报，无论是职位还是薪水。无论你从事什么工作，身在什么岗位，只要你时刻揣着一颗责任心,就会产生改变一切的力量,在付出的过程中积累经验、赢得赏识,拥有更丰盛的收获。

## 自信人生二百年

能够使我飘浮于人生的泥沼中而不致陷污的,是我的信心。——但丁

张牙舞爪的人,往往是很脆弱的。真正强大的人是自信的,自信就会温和,温和就会坚定。

一个女孩找人力资源管理师做职业咨询,大致是想了解一下,她究竟适不适合做销售。

女孩是专科学历,现在一家软件公司做销售。刚进入公司时,她一心想好好表现自己,干劲十足,也取得了一点儿成绩。渐渐地,她跟部门的同事接触多了,才发现这些业务员大都是名牌大学的硕士、博士,最少也是重点大学的本科生。女孩感到了一股莫名的压力,自己一个专科生,跻身在一群比自己学历高的人中间,似乎有那么点儿"不匹配"。

公司每个月都有业绩评比,做得稍微好一些,女孩就会对自己说:"这是瞎猫碰上了死耗子,侥幸而已。"落后于别人时,女孩又会对自己说:"应该的,人家的学历都比我高,业绩好也是理所当然的。"每次约见大客户时,她总把机会让给同事,觉得他们学历高,去跟那些

重量级人物谈判比较"相配",如果是自己去,可能会被人看不起,没必要自讨没趣。

不知从什么时候起,她越来越没有干劲了,每天就在公司里打电话,越来越不敢去约见客户,总怕被人拒绝。当她跟人力资源管理师说出这些困惑的时候,已经流露出想要放弃的想法了。

当局者迷,旁观者清。相信很多人都看出了女孩的症结所在:不是不适合,而是不自信!

有句话说:"如果你认为自己行或不行,你常常是正确的。"女孩为什么一开始能够做出成绩?是因为她在头脑中设计了未来的结果,她认为自己能行,潜意识也在朝着这个方向努力,所以她就真的能做出业绩!当她与同事进行比较时发现自己的学历偏低,她在潜意识里认为自己不如别人,在消极意识的作用下,她就有点儿畏首畏尾了,很多事情尚未去做就开始打退堂鼓,这才是她的业绩不断下滑的症结。

要让别人看得起自己,你首先要看得起自己。就像一位资深人力资源经理曾对求职者说的那样:"不要不敢用眼睛看着我,你不敢瞧我的时候我也瞧不起你。"

同事之间在学历、能力、业绩上存在差距是再正常不过的事,导致这种差距的原因有很多,可能是客观条件不同,也可能是自身努力不够,抑或方法不对。两个正常人在智商上的差距并不大,关键是主观能动性方面有差异,文化水平不高可以弥补,能力不足可以提升,只要你认真去做,没什么不能改变。重要的是,你必须相信自己并不差,而不是妄自菲薄、自暴自弃。

要么去驾驭生命，要么任凭生命驾驭，你的行为将决定：谁是坐骑，谁是骑士。自信可以化渺小为伟大，化平庸为神奇。去看一看现实中那些成功人士，他们是何等的勇敢和自信吧！

在一次世界优秀指挥家大赛的决赛中，小泽征尔按照评委给的乐谱指挥演奏，敏锐地发现了不和谐的音调。最初，他以为是乐队演奏上出现了错误，就停下来重新演奏，可感觉还是不太对劲。于是，他断定是乐谱出了问题，可在场的作曲家和评委会的权威人士都坚持说乐谱没问题。面对众多权威人物的否定，小泽征尔思考片刻后，依然斩钉截铁地说："不，一定是乐谱错了！"话音刚落，评委们立即起身，给他报以热烈的掌声，祝贺他大赛夺魁。原来，这是评委们精心设计的"圈套"，用一张错误的乐谱来检验指挥家的判断力。前两位参加决赛的指挥家，虽然也发现了错误，可最终因随声附和权威们的意见而否定了自己的主张。小泽征尔凭借着自信，摘得了世界指挥家大赛的桂冠。

世界著名的建筑师贝聿铭，64岁时应法国总统邀请，参与卢浮宫的重建工作。他根据自己的理念，在卢浮宫的门口建了一座玻璃的金字塔。当这座玻璃金字塔建起来后，法国舆论一片哗然，恶评如潮，纷纷指责贝聿铭的审美观。在这种情势下，贝聿铭依然坚持自己的审美，认为这座金字塔会给卢浮宫增色，绝不会产生负面影响。事实证明，贝聿铭的判断是正确的。一年以后，到卢浮宫参观的人成倍增长，那座金字塔也已经成了卢浮宫新的一景。多少人感慨，幸好贝聿铭先生没有放弃自己的建筑构思，否则真是一种莫大的损失和遗憾。

人应当具有斗争精神。斗争精神是什么？就是纵有千万人阻挡，也不会认输和屈服。斗争之心，永怀自信，不管遇到什么困难、什么阻碍，都不会停下自己的脚步，勇往直前，不畏不惧。这份自信，超越金钱、势力、出身的力量，是内心的强大支撑，使人坚信自己的魅力和能力，大胆沉着地处理各种棘手的问题，排除各种障碍，克服各种困难。

一位资深培训师问过不少年轻的员工："你最想做的人是谁？"答案不尽相同，却很相似，多半都是一些耳熟能详的名人，坐拥财富、名利双收。这样的回答不意外，只是让人觉得有点儿遗憾：为什么不想做自己呢？你应当相信，你和那些名人一样，都是这个世界上最独特的、最伟大的奇迹，你应该加倍地相信自己、珍惜自己。

社会的竞争是激烈的，你优秀，总会有人比你更优秀；你努力，总会有人比你更努力。无论你怎样做，质疑和否定的声音都不会消失。面对近乎残酷的生存环境，唯有昂首挺胸，在刀光剑影的比拼中拥有并保持自信，才能更好地迎接挑战。

那么，怎样才能真正建立起足够的自信呢？

**1. 消除自我怀疑**

一位法国士兵从前线归来，把战报呈给拿破仑。由于赶路太急，他的坐骑刚抵达目的地就倒地气绝了。拿破仑随即决定,让士兵骑他的坐骑赶回前线。士兵看着那匹雄壮的坐骑和华丽的马鞍,脱口说道:"不,将军,我只是一名士兵,这坐骑太高贵了。"拿破仑说:"在法国士兵面前,没有一件东西可以称为太高贵!"

很多员工渴望升职加薪,但在潜意识里又认为,公司高管、职业经理人、年薪百万,这样的字眼与自己是没有关系的。那些"高不可攀"的职务和薪水,只属于高学历、有背景、能力非凡的人。这种自以为卑微的信念,扼杀了许多可以扭转人生的机会。

要建立自信,先得冲破对自我的怀疑,因为怀疑会让你终止自己的努力。只有相信事在人为,愿意为了自己的理想和目标一点点付出辛劳的人,才有可能真正地出类拔萃。许多时候,人的成就并非直接取决于智慧、才能、背景,而是取决于勇气和信心。

## 2.不要丢失自己

作家杏林子在《现代寓言》中讲到一个"三只耳朵的兔子"的故事,说有一只兔子长了三只耳朵,在同伴中备受嘲讽捉弄,大家都说它是怪物。三耳兔很难过,经常偷偷哭泣。后来,它狠下心把那只多出来的耳朵割掉了,变得和大家一样,也不再受排挤,它觉得很高兴。然而,时隔不久,它在游玩时误入了另一座森林,它惊奇地发现,那里的兔子竟然全部都是三只耳朵,跟它以前一样!可因为它少了一只耳朵,这里的兔子都嫌弃它,它只好离开了。

每个人的眼光不同,理解事物的角度不同,你不能要求自己与别人完全一样，也不必因为他人的指责而鄙视、轻视自己，更不能迷信于权威而随声附和。须知唯有自己方能真正拥有自己，任何人都不可能成为另一个自己。

### 3.每天激励自己

每天对着镜子重复一些充满正能量的话："我很优秀""我有能力出类拔萃""我能让领导信任我""我一定能担起重任"……这些积极的暗示，会增强你对自身能力的肯定和信任，促使你在面对问题时保持正向的思维和积极的态度。

### 4.挑战你的恐惧

你渴望站在聚光灯下，却恐惧登上舞台；你期待美丽的爱情，却恐惧遭到拒绝；你羡慕发号施令的决策者，却恐惧在人前讲话……你有太多的雄心壮志，却又有同样多的恐惧和顾虑，这道不自信的坎儿，最终将你与成功隔离开来。

要建立自信，就要去尝试做那些令自己感到害怕的事。当你勇敢去做了，你会发现它没那么可怕，而在这一过程中，你就会找回或建立自信。当你尝试的次数多了，自信也就多了。

## 敢牺牲是最大的负责

付出常常伴随着牺牲，不论牺牲的是时间还是精力，甚或是生命。为了工作，为了顾全大局，你是否也有这样的勇气和魄力牺牲小我，默默奉献呢？

敢，才是一名称职的斗士！

2008年新春伊始，湖南郴州遭受历史罕见的特大冰雪灾害的袭击，水、电、路、通信全部中断，原樟市镇政府水电管理站站长曹述军看在眼里，急在心里。

小年佳节那天，亲人和兄弟们打电话给曹述军邀他一起吃团圆饭，他说自己在采购线路器材回不去。兄弟们好心劝他："郴州、长沙都有人在抢修电力设施时从电杆上摔下来，你不要搞了，太危险！"曹述军却说："我知道危险，可一想到政府抗灾救灾、恢复电力的决心，还有几百村民跟我求情、求通电，和村里无光亮的黑暗日子，我心里就难受……我会注意的。"

腊月二十六是曹述军的生日，他没有回家庆祝，而是在山上爬线杆。担任樟市救灾抢险领导小组副组长的他，身先士卒，一个人干几个人的活，一天上五六个电杆。如此巨大的工作量，加上天寒地冻，又冷又饿，就连身强体壮的年轻人都觉得吃不消，更何况已经54岁且身患甲亢病的曹述军呢？

在雪地里连续奋战了十几天，他和同事终于给一个又一个村子接上了电，把光明和温暖送到了村民的家里和心里。百姓们放鞭炮庆祝，曹述军热泪盈眶，觉得再辛苦也值了。然而，天有不测风云，人有旦夕祸福。2008年2月4日下午，曹述军在为最后一个村子的最后一根电杆施工时，因天寒地冻、四肢麻木、体力不支，外加保险带松脱等原因，不幸从12米高的电杆上摔下来造成重伤。

甘于奉献、舍得牺牲的人，总是值得尊敬的。

在曹述军被抢救的十几个小时里，近百名乡亲绷着紧张的心在医院里为他祈祷。遗憾的是，曹述军伤势过重，于2008年2月5日凌晨去世。

英雄虽去精神存。

曹述军热爱他的工作，甘于奉献，他曾在日记里这样写道："工作于电站，就应立足于本职工作，搞好本职工作，少发议论，多干实事，以普通一员出现于电站中。不符合原则的事不干，不利于团结的事不干。人生于世，贵重在贡献。多吃点苦头，多干点，有什么关系……事事带头处处领先，越是艰险越向前，为了党和人民的利益不惜牺牲自己的一切，甚至生命。"

这位令人尊重的兢兢业业、甘于奉献的电力员工，在人民的利益面前，毫不犹豫地选择了牺牲个人利益。不得不说，这种精神是现代社会最为需要的。

一个优秀的员工，总该有点儿牺牲精神。

我们不必把牺牲上升到"献出生命"这样的高度，平平凡凡的人，平平凡凡的岗位，这种牺牲可能就是在组织需要赶进度时，主动放弃一点休息时间，尽自己的绵薄之力；也可能是当个人荣誉和组织荣誉发生冲突时，能暂时放下个人得失，先为组织的荣誉考虑；还可能是在效益不济时，想尽办法节约成本、提高效率……工作中的牺牲不总是轰轰烈烈的，多数情况下就是重复这些简单的事，而真的做好，却很不简单。

别把工作中的"牺牲"想象得太大、太难，牺牲精神，就是在做好本职工作的基础上，多为组织的整体利益着想，在组织需要你的时候，不找借口去逃避，不抱怨付出的辛苦，不计较个人的得失，一切以大局为重。

牺牲精神，不是完全地摒弃个人利益，而是把组织的利益放在第一位，树立主人翁意识。其实，当你能从内心真正明白个人与组织是一体的，并愿意为组织牺牲个人利益时，组织也不会辜负你的付出。

## 承认错误是进步的垫脚石

承认错误是一个人最大的力量源泉，因为正视错误的人将得到错误以外的东西。——特里

常言道："智者千虑必有一失。"一个人再聪明、再有才能，也难免会有疏漏，犯下错误。面对错误，最好的办法是什么呢？不是急着去辩解，而是坦然地承认，尽快想办法去弥补和改正。有错误必然是因为自己在某方面存在不足，不能坦然面对自己的错误，让错误不断积累，带来的后果只会愈加深重。斗争精神一个重要的方面就是与错误斗争，知

错能认，有错必改，这不仅是做人的素养，更是处事的智慧。

石某是一家外贸公司的市场部经理，任职期间，他没有经过仔细的调查研究，就批准了一位职员为法国某公司生产3万部高档相机的报告。待产品出来，准备报关时，公司才知道，那个员工早已被猎头公司挖走了。那批货物即使到了法国境内，也不会有买主，货款自然也没办法收回了。

对公司来说，这无疑是一个大损失。石某很是焦急，在办公室里坐立不安，思前想后，他还是决定把这件事情向老板摊牌。他鼓足了勇气，走进老板的办公室。见他脸色十分难看，老板就开始询问缘由。

石某很坦诚，把事情一五一十地讲给老板，主动承担了全部责任，说："这是我的失误，我愿意承担责任，也会尽最大努力挽回损失。"老板被石某的坦荡和敢于承担责任的态度打动了，答应了他的请求，并拨款协助他到法国进行调查。

功夫不负有心人。在法国调查期间，石某又联系到了一个新的买家。半个月后，那批高档相机顺利出口，价格比原来的还要高。对这次危机事件的处理，老板非常满意，非但没惩罚石某，还给他发了特别项目奖。

松下幸之助说："偶尔犯了错误无可厚非，但从处理错误的态度上，我们可以看清楚一个人。"人人都会犯错，但不是每个人都有勇气去承认。工作中，员工有没有承担错误的勇气，向来是领导者十分看重的职业素养。

一位毕业于名校的工程师，论学识和经验，比周围的同事都要强，唯独有一点，犯了错误以后总是不承认，还要找一堆理由为自己辩解开脱。他刚进入单位时，领导对他很器重，事事都放手让他去做。由于刚愎自用，他犯了不少的错，且有些错误明摆着就是他的失误，但他总是拿出无数的借口，死活不承认自己的问题。

领导在技术方面比较薄弱，有时会被工程师的专业术语反驳得无言以对。时间长了，领导也觉得此人不适合在单位里长期发展，至少不具备做中层人员的素质，就找了一个理由，委婉地将其辞退了。

其实，这位出身名校的工程师，心理上或多或少有一种优越感，总觉得承认自己犯了错误，就等于当众丢脸了，承认技不如人。殊不知，成长的道路是艰难的，是需要不断尝试、不断磨炼的，蜕变的本质就是经历失败和错误，从中吸取经验教训，逐渐走向成功。

承认错误不是一种无能和懦弱，相反，它是一种令人敬佩的、敢作敢当的行为。记得一位高级职业经理人曾经这样阐述成功的哲学：谁能允许犯错，谁就能获取更多；没有勇气犯错，就不会有创造性。尝试和错误，是进步的前提，也是博得人尊重和赏识的素质。

承认错误的结果，没那么糟糕，也没那么可怕，它显现出的是一种修养，一份勇气。在这种诚恳的姿态下，振振有词的辩解，才显得小气和懦弱，越是强调自己没错，越会让人觉得你在推卸责任，掩盖自己的失误。错就错了，人非圣贤孰能无过？只有去承担，拿出自己的诚意，才能让人尊敬你、信任你。

当然，除了承认错误以外，还要分析错误的原因，付诸行动去纠正错误。如此，不仅能让上司看到你的坦诚，还能让他看到你处理问题、改正错误的能力。每一个优秀的人，都是在错误中成长起来的，承认错误，改正错误，本身就是一种进步。

第三章
# 知来路，明确斗争方向

第三章　知来路，明确斗争方向

## 你在为谁而战

> 万人操弓，共射一招，招无不中。——吕不韦

斗争精神需要电光雷火的炽烈，更需要静水流深的持久，而要保持持久的斗争精神，没有责任心、甘于奉献的意志品质是难以做到的。一个有奉献精神、有强烈责任心的员工，会把维护组织的利益作为基本的职业道德，视为"修身"的一部分。不管什么时候，都会把组织的利益放在第一位，而不会为了一己私利或个人得失，不顾大局，做有损组织利益的事。

通用公司前CEO杰克·韦尔奇曾说过这样一番话："企业是船，你是船员，让船乘风破浪，安全前行，是你不可推卸的责任。一旦遇到风雨、礁石、海浪等种种风险，你不能选择逃避，而应该努力保驾护航，使这艘船安全靠岸。"

生活总有意外的状况，企业经营也如是。在市场的浪潮中奔波，

难免会遭遇险阻。此时，有责任心的员工就该把组织当成家，与组织同舟共济，才能渡过难关，共生共赢。这是一种主人翁意识，也是一种对组织的归属感。不要觉得，组织垮了是领导的事，和自己没关系，大不了换一个地方。若不能从态度上有根本的转变，始终以局外人的身份在组织中生存，那么无论走到哪儿，都不可能有发展的机会。

土光敏夫在担任日本东芝株式会社社长时，对员工提出过一个严苛的要求：为了事业的人请来，为了工资的人请走。在他看来，能够把事业和自身价值联系在一起的人，才有可能把事业真正做大，即便是企业陷入困境时，他们也能跟企业荣辱与共。为了工资而来的人，看重的只是企业的福利待遇，并不是企业本身。将来有一天，企业出现了危机，他们肯定会拍拍屁股走人，因为他们想要的东西企业已经无法给予了，自然就会重新选择一个能给他们带来物质满足的地方。

不能与组织同舟共济的人，秉持的就是一种打工心态，只有用领导的思维方式去工作，和组织站在一起，才有可能脱颖而出，成为组织里最出色的人物。

1986年7月，王继才经群众推荐和组织考察，成为第五任开山岛的"岛主"。

开山岛只有两个足球场大小，距离最近的海岸12海里，但它是黄海前线的第一岛，战略意义非凡。

王继才就是被派往开山岛驻守的。在他之前有四任"岛主"，待的

# 第三章 知来路，明确斗争方向

时间都不长，最长的13天，最短的3天。对于王继才上岛这件事，他的家人起初不理解，因为那个岛上气候恶劣，常年海风肆虐，鸟兽绝迹、植被难生，活着的唯有苦楝树，而当年亲手种下它的人早已不知去向。

即使如此，王继才还是决定要去守岛。他坚定地说："领导说，岛上必须得有人去守，我也答应了领导，答应了就要做到。"就这样，灌云县人武部给他准备了30盒烟、30瓶酒和一个月的吃喝用品，把他放在了岛上。

向来很少沾烟酒的王继才，30盒烟全部抽完了，30瓶酒全部喝完了。48天以后，老政委领着王继才的妻子王仕花来到岛上，王仕花被眼前这个胡子拉碴、满身臭气的"野人"吓傻了——这还是自己的丈夫吗？

王仕花赌气地说："别人不守，咱也不守，回去吧！"

"野人"回应："要走你走，我决定留下。"

于是王仕花走了，"野人"的心在滴血。然而，不到一个月的时间，王仕花又回来了，这次还带着包裹。为了上岛照顾丈夫，她辞掉了小学教师的工作，把2岁大的女儿托付给婆婆。

和所有平凡的人一样，王继才也有犹豫和挣扎，他也会害怕黑夜，害怕狂风暴雨，以及孤独无助。既然有怕，为何他还要留在岛上呢？他说："守岛就是守家，国安才能家安。"岛再小，也是960万平方千米国土的一部分。国旗插在这里，这里就是中国。

这是一个"民"的本分，更是一个"兵"的责任。站在自己的岗位上，不讲条件、不计得失，对组织、对党和人民、对集体有忠诚与热爱之心，纵有两难之时，也会先顾全大局。

王继才在守岛和个人生活之间、国家和小家之间，选择前者，因为有国才有家。他说："子要尽孝，父要尽责。但我的家人都理解，忠是最大的孝和责。身体是自己的，但人是国家的，而家就是岛，岛就是国，守岛就是卫国。"

其实，员工和组织的关系与个人和国家的关系一样，都是一体的，一荣俱荣，一损俱损。没有组织的大船，就没有个人的乘风破浪。不要热衷追求眼前浅薄的私利，要放大自己的格局，培养优秀的职业素养。只有组织先成功了，才有个人的成功，正所谓"皮之不存，毛将焉附"。我们要把自己当成水手，在面对风雨、险滩、礁石的时候，和组织同舟共济，通过斗争去战胜一切艰难险阻，最后的胜利一定属于我们自己！

## 没有适合只有适应

在一项调查中，研究人员想弄清楚到底是什么原因让习惯性跳槽的人一再地换工作。结果，听到最多的答案就是——"这个工作不适合我！"至于为什么不适合，理由就多了，如"太枯燥了""不感兴趣""公司氛围不好"等。

进一步的调查显示，有些情况并非"不适合"，而是"不适应"。大家都知道，职业规划和选择是很重要的，可即便是选择了一份你无比热爱且符合你兴趣特长的职业，在工作的过程中也免不了会出现各种问题。面对这些情况，能说是工作不适合你吗？

我们不妨把"适合"这两个字拆开来看，"适"代表主动的适应，"合"代表匹配度。对于职业而言，更多的时候都是需要去"适"，才能达到"合"的状态。可惜的是，许多人只看到了"合"，却不知道所有的"合"都需要"适"的过程。

当你对工作失去了兴趣，觉得所做的事枯燥乏味，想用休假和跳槽的方式来逃避棘手的难题时，不要急着说这份工作不适合自己，认真想想：究竟是不适合，还是不适应？你必须知道，从"不适应"到"适应"是每个人在工作中都要经历的一个进化过程，如果过不了这道坎儿，那么不管你从事什么行业，都很难踏实地做下去。那些不时袭来的种种阻力，会很轻易地击溃你做事的决心和耐性。

职场如战场，风云莫测，瞬息万变，竞争激烈。你不能祈望工作适合你的能力、符合你的兴趣特长，你只能祈望自己的能力去适应工作。没有顽强的适应能力，根本无法在职场生存下去，更不可能获得成功。如果你能做到战胜自己、主动去适应工作，你会在蜕变的过程中成长为一个奇迹，也会从中得到更多的机会。

多年前，百老汇的一位导演告诉一群前来面试的舞蹈演员，他需要一个配角：一个驾驶摩托车狂飙穿越燃烧房子的女演员。听到这个要求后，许多女孩都觉得很失望，这项任务太难了，常人根本做不到。

当舞蹈演员陆续离开的时候，导演发现有一个女孩留了下来，她果断地脱掉了脚上的舞鞋。导演很惊诧，走过去问她在做什么？女孩说："既然你们需要的不是舞蹈演员，那么我就脱掉舞鞋，做你们需要的演员。"

这个女孩就是世界著名的动作女星安吉丽娜·朱莉，她主演的《古墓丽影》成为许多人心中难以超越的经典。她的成功是偶然吗？当然不是！从她脱掉舞鞋的细节上便知，她是一个懂得随时调整自己，去适应工作、配合工作的人。

事实上，几乎每个行业里都有类似的情况。在刚刚接触一份新工作时，你可能会觉得它不如自己想象得好，不符合兴趣爱好，不是自己擅长的，要达到标准和要求很难……可现实就是如此，有些心愿只能是愿景，工作不可能来适应你，想在工作中有成长、有发展，唯一的办法就是主动去适应环境、适应周围的人。

无论你是新人还是有一定经验的工作者，进入一个新的环境，最重要的就是保持好心态，做好角色的认知，迅速适应组织、融入组织。也许，一开始你被分配的岗位不是很适合自己，或是与从前从事的工作有较大出入，但千万不能因此心生抱怨。每个组织都有自己的特点，试着去了解组织，适应环境、上级、同事，找到适合你的位置。

选择"适合"还是"适应"，取决于你与社会环境、职业环境的博弈，也就是要清楚是你的力量强，还是环境的力量强。如果你在职业初期，缺少能力和资本，那就要主动去"适应"那个你自认为"不适合"的环境，这是一种历练。换言之，即便将来真的有一份"更适合"的工作，组织及其领导者也愿意交给那些更有"适应力"的人，而不是遇到困难就退缩和逃避的人。

## 星光不负赶路人

某中医药大学有七名人员在当地的一家洗浴中心给男女客人按摩、刮痧，他们中有教授、博士、硕士。消息一经传出，引起舆论一片哗然，许多人都在猜测：为什么白天在校园里讲授知识的学者，晚上还要到洗浴中心工作？是不是工资太低了？是不是博士生都难找到工作？还是纯粹为了出名而作秀？

事情的真相，远没有舆论说的那么复杂。这些学者去洗浴中心工作，目的很单纯，就是为了通过实践提高自己的专业素质，积累经验，同时宣传中医学。

这些学者的学术精神和做法令人深感敬佩，现在有不少就业者看不起基层环境，不屑于做基础的工作。他们自诩读了不少书，长了不少见识，心理上有一种优越感，稍微做了一点事就想着索取更多，对自己得到的愈发不满意。抱着这种心态，在工作中混迹了几年，越想要的越得不到，怨怼情绪就出现了。

哲学家尼采说："一棵树要长得更高，接受更多的光明，那么它的根就必须更深入黑暗。"从某种意义上来说，人与树的生长历程是一样的。想成就一番事业，心可以放在高处，但手一定要放在低处，从最基础的点滴做起，在现实中慢慢打磨和提升。

一场足球赛打到白热化时，需要有诸如梅西一样的球员凭借过硬的本领冲上去击败对手，但要成为这样的英雄，需要日常训练场中的挥汗如雨。台上一分钟，台下十年功，任何斗争都是如此。

一个人的事业发展，应当是梯次进步、逐渐抬升的过程。在基层工作，做基础的工作，并不代表自己的价值被贬低了。只要你安心把每件事都做得到位、做出色，会有更多的机会和重任等着你。

刚进入一个新的行业、新的领域，职业技能没有完全掌握好，尚处于不定型的阶段，此时一定要保持平和的心态，静下心来踏踏实实地学习，让自己更充实。任何情况下，生活都不会辜负一个全力以赴、踏实努力的人。不要问成功的路在何方，路，就在脚下！只要认真去走，前途必然是光明的。

## 练就一双发掘乐趣的"火眼金睛"

如果你表现得"好像"对自己的工作感兴趣，那一点表现就会使你的兴趣变得真实，还会减少你的疲惫、你的紧张，以及你的忧虑。——戴尔·卡耐基

你有没有过这样的体验？

起初，从事一份工作还觉得动力十足，做事积极，精神饱满。随着时间的推移，渐渐地，开始对工作感到疲乏厌倦，做什么都提不起精神，过去的激情一扫而空，陷入了难熬的状态中。内心很渴望扭转这样的情形，却又感觉心有余而力不足，不知道究竟该怎么做。

其实，这就是所谓的职业枯竭。职业枯竭不是一天产生的，是随着时间的增加，在工作的过程中慢慢积累的。人在工作中的状态，通常有五个阶段：

第一阶段：蜜月期。精力十足，态度积极，对工作有很高的热情和期望值，对工作的满意度也很高，感觉工作是一件快乐的事。

第二阶段：适应期。开始接受正常的工作内容，逐渐进入角色，习惯频繁重复的内容。

第三阶段：厌倦期。对稳定的工作方式、单调的工作内容和环境，产生了一种厌倦感。只是，此时由于个人目标未曾达成，还没有彻底丧失对工作的主动性。

第四阶段：挫折期。由于工作状态日渐消沉，对工作的热情和主动性开始减退，身心出现不协调的状况，以至于工作开始频繁出错、受阻，个人自信心受到了挫折。

第五阶段：淡漠期。出现严重的心理衰竭症状，没有办法继续工作，对周围的人、事表现得麻木冷漠。

从高到低的曲线变化，随时都可能会出现在我们的职场生涯中，这也是为什么很多专家都提倡要做"职业体检"，时刻对自己的职业状态进行"把脉"。毕竟，职业倦怠的危害是巨大的，若不及时解决，会成为个人发展的绊脚石。很多人在出现职业倦怠后，虽然很讨厌目前的状况，找不到成就感，但还是畏惧改变。陷在这样的纠结中，就会给工作带来诸多的负面影响，甚至失去职业增值的机会。

那么，是不是一旦对工作失去了激情，就意味着需要换一个环境，换一份工作了呢？换而言之，跳槽能不能解决职业倦怠的问题呢？

赵先生打拼了十年，在商标代理方面做得还算成功。每次说起自己的工作，他总是眉飞色舞的，很是得意。其实，他也曾经厌倦过自己的工作，甚至还想过要转行，但最终还是坚持了下来，想办法调整了自己的状态，度过了职业倦怠期。

从工商管理专业毕业后，赵先生就去了工商局下属的商标事务所就职。当时，商标事务所还属于垄断性的经营方式，工作内容都是程式化的，赵先生每天要做的就是查询商标、打印文件。时间长了，他就对这份工作产生了厌烦之感，觉得自己就像生产线上的一个螺丝钉，固定地待在一个地方，不能动弹。不过呢，他倒是也从这份工作中收获了一些东西，那就是看多了复印的文件，对业务知识有了一定的了解。

两年后，赵先生因为业务能力强，上手快，被调到了外地工作。工作环境的变化，给他带来了新鲜感，让他重新对工作产生了兴趣。不过，工作的机制还是硬伤，做100件和做200件业务，没有任何区别，只是一个程序的不断重复。每天工作量很大，经常要加班，节假日都要搭进去，可成就感却寥寥无几。就这样，赵先生的一腔热情，又被时间浇熄了。

既然做自己擅长的工作会疲倦，那不如去做自己喜欢的吧！赵先生平日有摄影的爱好，也想过开影楼，但因前期投资太大，加上没有任何的行业经验，就没敢贸然行事。后来，他又琢磨跟爱人一起开连锁的奶茶店，可问题还是一样：没有饮品行业的经验，想发展起来谈何容易？几经思考，爱人提醒赵先生，何不利用自己的所长去规划职业呢？

这番话如醍醐灌顶，让赵先生找到了方向。他摒弃了改行的打算，重新回到了自己熟悉的领域，开始思考：为什么会对做了几年的商标代理工作感到厌倦？反复地询问和剖析，他终于意识到，其实自己不是对这个职业感到厌倦，而是对工作方式产生了厌倦。找到了问题的根源，再去解决就显得简单多了。

四年后，赵先生开始自己创业，继续从事商标代理。角色变了，感觉又不一样了，做得风生水起。有朋友问他，现在不觉得烦了吗？他说："你看看周围，哪一件东西不是商品？哪一件不需要商标？到处都是商机啊，怎么会烦呢？"

现在，赵先生要处理的事情很多，要给员工下指令，凡事都得谨慎思考。他经常跟客户倾心交流，在信息的接纳中擦出灵感的火花。经过这一段时间的自我调节和重新定位后，他的事业峰回路转。而今他最庆幸的，就是自己没有转行，用他的话说："要是连自己擅长的事情都做不好，还能做点什么呢？"

从赵先生的经历中，我们不难看出：做任何工作都有可能会出现心理倦怠，不是换一个环境，换一个职业，就能彻底远离它。人是感性的，且天性好奇，在单调的工作环境中待久了，得不到调理，必然会出现倦怠感和僵化感。这就好比，走了很远的路，路边却没有不同的风景，路人也会感到疲劳。

要根治"审美疲劳"，保持积极的状态，跳槽只是其中的一条途径。对绝大多数人来说，不一定都有机会和能力去从事喜欢的事，就算从事了喜欢的工作，也难免会有倦怠期。所以，我们要学会调整情绪，帮助自己走出职业倦怠期，只有具备了这种能力，才能扫平工作中的心理障碍，获得长久的发展。

首先，调整自己的心态和目标。当工作进入平稳期后，激情和新鲜感逐渐冷却，此时应当给自己设立新的目标，如完成本职工作后学习外语、新的技能，或是学习理财，抑或参加一些培训，有效地提升自己的工作能力，争取能够胜任更重要的工作。

其次，适当地调整自己，适应环境。如果职业倦怠是因为工作环境的问题，不要一味地去抱怨，要想着如何去改变自己，适应环境。如果领导觉得你工作的拓展力度不够，你可以努力去改变工作现状，向他要求的目标靠拢。如有必要，也可以跟上级沟通。总之，要用心地工作，想办法解决问题，而不能任由负面情绪蔓延。

再次，主动创造新的机会。在平淡的工作中坐等改变，不如主动地去创造机会，加速改变的进程。例如，在重复性的工作中，如何想办法开辟新的途径,让工作变得高效有趣一些?多思考、多实践,也是摆脱职业倦怠的良方。

## 居安思危只为明天的和平安宁

武装越野,身高不足1.7米的他,负重25公斤的装备持续跑完27公里;渡海登陆,他赤臂游泳1万米,10公里武装泅渡只用了2个半小时;悬崖攀登,40米高的陡峭崖壁,他手脚并用第一个登上了顶峰;空中攻击,他驾驶新型装备长时间超低空飞行执行任务……他,就是中国的"三栖尖兵"、第三届全国道德模范——何祥美。

许多人惊叹:何祥美是如何做到的?

其实,秘诀只有朴实的四个字:居安思危。

"生于忧患,死于安乐",战争年代远去了,但作为军人,任何时候都不能懈怠,必须保持高度的警惕性。在训练的时候,每个人都把自己视为最强大的战士来进行磨砺,而那些看似残酷的特殊训练,也是为了提醒战士随时准备战斗。真正的和平绝不是信手拈来的,一定是用枕戈待旦换取的。

何祥美出生在江西赣州一个四面环山的村子,1999年应召入伍。只有初中文化的他,对这个机会倍感珍惜,因为终于可以走出大山,看看外面的世界了。

初入军旅的他,被分配到了条件艰苦、训练十分严格的部队。和

## 斗争决定成败

许多新兵一样，他也苦闷过、动摇过；但又像许多老兵一样，在组织和战友们的教育、帮助下，懂得了当兵的意义，从苦闷到振奋，从动摇到坚定。

当兵的第六年，当时的南京军区抽调了一批训练尖子，组成狙击手集训班，何祥美就是其中的一员。集训一开始，教官就将营院里的400米跑道改造成了意志训练场。何祥美和战友们每天都生活在刺耳的枪声和硝烟弥漫的环境里，要反复地练习蚂蚁坑、扛圆木、上懒人梯、闯火线、匍匐前进……半天的训练下来，大家累得连吃饭的力气都没有了，可是要成为狙击手中的王者，就必须忍受这种炼狱般的生活。

为了持枪更稳，何祥美把圆石子、弹壳放在枪管上，2小时不能掉，掉一次多练10分钟。2小时下来，他的身体已经僵硬到几乎无法动弹的地步。为了提高识别目标的能力，他每天盯着手表的秒针训练，做到5分钟不眨眼，迎风迎光迎沙不流泪。

在10个多月的魔鬼训练中，何祥美始终把自己当成对手，在一招一式中积淀，在孤独寂寞中锤炼，他一步步地朝着优秀狙击手的目标靠近，练就了"枪王"的真功夫。在此期间，他还先后在各种"战场"上摔打历练，跳伞、机降、潜水、动力三角翼、枪械等训练全都反复练习过。

第一次跳伞时，他就遇到了险情，从千米高空跳下时，主伞竟无法打开。尽管情况危急，可他非常冷静，成功地把两根压住伞衣的伞绳张开；动力三角翼集训时，他花费大量时间琢磨英文说明书，成为第一个单飞的学员；敢于挑战极限的他，在经过简单的训练后，就能够潜水至12米以下。

为了锻炼自己的体能，何祥美坚持每天早起1小时，穿着沙背心跑步，早上5公里，下午10公里，现在的他就算负重20公斤，依然可以健步如飞。射击的精准度对环境特别敏感，风、雨、光和气温、气压、距离等稍有变化，便要对瞄准点进行"修风"，他把数千个参数写在小卡片上，一有空就掏出来背，如今能准确判定风向、风速，目测距离和高低角，误差接近于零。

在部队历练的这些年，何祥美早已不再是当初走出大山时的模样了，他已经具备了"三栖"作战能力，成为一名全能的优秀战士了。

忘战必危。和平稳定的环境不代表我们不再需要努力拼搏，因为危机从来不会告诉你它何时到来，唯有日常居安思危，不断提升自己并持续保持学习的状态，危机无论何时何地到来都能无所畏惧，战之能胜。一个好的工匠，永远不会对自己说"我已经做得够好了"，不断超越自我才是他们的毕生追求。人有无限的潜能，只有激励自己去超越，才能够摆脱平庸，保持竞争优势。

华为创始人任正非说："这个时代前进得太快了，若我们自满自足，只要停留三个月，就注定会从历史上被抹掉。进攻就是进攻我们自己，永不停歇，直到死的那天。"这番话无疑是在提醒员工，不能满足于既得的成绩，要不断改进工作，不断追求卓越。辉煌的人生，本

斗争决定成败

就是一个超越自我、超越平凡的过程，只把工作做完是远远不够的，还应当努力去做到一流。

羚羊与狮子的故事，想必很多人都听过：在非洲大草原上，狮子想要活命，就必须捕捉到足够的羚羊作为食物；羚羊若要活命，就必须跑得比狮子更快。在这种没有退路的竞争状态下，大自然把狮子塑造成最强壮凶悍的动物，也把羚羊造就成最敏捷善跑的食草动物。

很多时候，工作就与大自然一样，遵循着优胜劣汰、适者生存的法则。

什么叫作适者生存？不是淘汰羚羊或狮子，而是淘汰羚羊和狮子中不能适应环境的弱者。竞争的过程，从表面上看是淘汰对手的过程，可实质上却是不断克服自身缺陷、让自己变得更加强大的过程。无论你是"羚羊"还是"狮子"，当太阳升起的时候，你都必须得"跑"起来。

钱学森是一位享誉国内外的自然科学家和工程技术专家，且是一位在哲学、人文和社科等领域造诣很深的全面人才，将其称为"百科全书式"学者一点也不为过。他是一个不安于现状、力求奋进的人，用他自己的话说："我从工程技术走到技术科学，又走到社会科学，再去叩马克思主义哲学的大门。我感到只是理和工是不够的，不懂得社会科学不行，所以开始下功夫学习社会科学，也涉及哲学。"

钱学森在退出国防科研领导一线后，并没有停止科研工作。此后的二十多年，他构筑现代科学技术体系，提出并亲自指导和参加研究系统科学、思维科学和人体科学等科学大部门，提出了科学革命和"第二次文艺复兴"的命题，提出了从定性到定量、人机结合、以人为主的综合集成法、研讨厅体系和总体设计部的构想，提出了大成智慧学、大成智慧工程和大成智慧教育等。他的科研活动，几乎涉及人类活动的所有领域。在他构筑的开放的和发展的现代科学技术体系中，每个大部门中都有他独特的创新和建树，许多思想理论和观点都十分珍贵。

为什么钱学森在学术上能有如此卓著的成绩？这与他不断进取的斗争精神有着不可分割的联系。斗争精神，不是头脑里与生俱来的，也不是上天赐予的，而是在从事实践活动中逐渐形成的，是实践活动反映出的一种精神。在科学上有重大发现、发明和创造的科学研究者，无疑都具备斗争精神，永远不会贪图安逸、停止学习和探索。

对于我们而言，正处于该奋斗、该提升的时期，更不能贪图安逸。因为，过分安逸和轻松的背后，隐匿着诸多的危机，如思维被固定的环境束缚，逐渐丧失适应外界环境的意识，在舒适的环境中滋生懒惰，失去向前发展的动力和能力等。

要培养斗争精神，避免沉溺于安逸之中，我们就要努力做到以下几点：

第一，时刻保持危机意识。

羚羊和狮子在生存的压力之下，从不敢松懈一丝一毫。它们知道，如果不努力去奔跑，就意味着有一天会被大自然淘汰。工作同样遵循物竞天择的规律，没有居安思危的意识，就会麻痹大意，疏忽松懈，在激烈的竞争中被超越、被淘汰。

有危机不可怕，没有危机才可怕，而没有危机意识更可怕。

第二，不断树立新的目标。

无论羚羊还是狮子，只要太阳一出来就会奋力奔跑，日复一日，年复一年。这是它们给自己树立的目标，而实现目标的结果也很明显：狮子可以获得美餐，羚羊可以保住性命。在目标的指引和结果的支撑下，它们坚持不懈地努力。

牛顿曾经说："我所取得的一切对我来说都不重要，我的成就感来自我的不断超越。今天的我要超越昨天的我；而今天的我将被明天的我超越。"

我们不是科学家，但也要不断地给自己树立目标，并为之付诸努力。这个目标开始时可以很小，当小目标实现后，可以再树立更高一点的目标，同时改进工作方法。在这种不断超越自我的过程中，个人的工作能力会得到提升，事业的积累会更加成熟。

第三，在竞争中不断成长。

世界顶尖潜能大师安东尼·罗宾说："并非大多数人命里注定不能成为爱因斯坦式的人物。任何一个平凡的人，只要他不害怕竞争，就可以成就一番惊天动地的伟业。"

当我们为了成功的事业和美好的生活打拼时，一定会遇到各种各样的竞争，遇到各种各样的对手。不要畏惧竞争，有了对比和较量，你可以清楚地知道自己的实力，也可以发现自己的不足，还可以从对手身上获取经验和力量。即使失败了，当你鼓起勇气重新站起来的时候，你就比之前上升了一个高度。今天的成绩万人瞩目，并不意味着明天依然可以万丈光芒；现在的安逸踏实，并不意味着明天依然可以高枕无忧。优秀的工匠从不会把目光停留在过去的作品上，他们目光高远，积极进取，追求极致，能够坦然战胜一切变化和危机，并将其化为自己的机遇。

第四章
# 定方向，找准斗争对象

## 有导航的人生不迷路

面试时，应聘者常会被问及对未来有什么规划。乍一听，这问题似乎与工作能力、应聘的职位没什么联系，实际上，这是领导者最为看重的能力之一。他询问的目的，是想了解一个人到底有多少雄心壮志？一个有理想的公司需要一群有理想的员工作为支柱。

为什么要强调人生规划？它究竟对员工的职业生涯有何影响？

刘易斯·卡罗尔的《爱丽丝漫游奇境记》中爱丽丝和猫有这样一段对话：

爱丽丝问："能否请你告诉我，我该走这里的哪条路？"

猫说："这要看你想去哪里？"

爱丽丝说："我去哪儿都无所谓。"

猫答："那么走哪条路也就无所谓了。"

如果不知道自己要去哪儿，无论哪个方向都是错的，到最后你往往哪儿也去不了。

## 斗争决定成败

不少人时常感到迷茫和困惑，心里有一种难以名状的烦恼，这种烦恼让他对自己、对工作、对生活严重不满，甚至还有一种冲动的愤怒感。心灵鸡汤类图书里将其称之为浮躁，而浮躁背后的实质，就是对人生、对自己、对未来的不确定性的忧虑，就是没有清晰的、合理的人生规划，这也印证了古人的那句话："人无远虑，必有近忧。"

只有那些对自己的人生有规划的人，才会盘点自己的现在，谋划自己的未来，知道自己在做什么，要做什么，现在是什么，将来要成为什么，进而明白自己为什么工作，工作能够实现什么……这样的人生，是一张精心设计的蓝图，而不是七零八碎的拼图。

"我有许多梦想，它们都在遥远的地方，为了梦想，我独自远航。"

说这番话的人，名叫钟扬。1979年，15岁的钟扬考入中科大少年班。从无线电专业毕业后，他进入中科院武汉植物所工作，开始从事植物学研究。他天资聪颖，勤奋好学，二十几岁就成了当时国内植物学领域的青年先锋。

没有一份成功是随随便便得来的，荣光的背后是超乎寻常的坚持与勤奋。

2000年，钟扬放弃了武汉植物所副所长的岗位，到复旦大学担任教授。他把名利和职位看得很轻，考虑得更多的是社会、国家，关注的不只是眼下，还有长远的未来。到了复旦之后，他跟学院的几位老师一起承担起重建生态学科的使命。他愈发意识到：人类活动和环境的不断变化，许多物种都在消失，保存种质资源已经成了一项基础性、战略性的工作。

就是从那时起，钟扬的心里萌生了一个梦：要为国家打造生态屏障，建立起青藏高原特有植物的"基因库"。

2001年，钟扬第一次来到西藏。当时，他只是和同事一起野外考察，谁知，此后的16年，他的工作重点都没有离开这片土地。

他是为种子而来的。青藏高原是我国最大的生物"基因库"，有1000多种特有的种子植物，只是高寒艰险、环境恶劣，很少有植物学家会涉足这里，也从来没有人盘点过这个世界屋脊的生物"家底"。

身为植物学家的钟扬，自然懂得种子的重要意义，它能为人类提供水果、粮食、青蒿素等。大家熟知的袁隆平先生，就是在海南岛发现了一种叫作野稗的野生稻子资源，之后通过反复的选育，最终得到杂交水稻，带来了农业上堪称革命的变革。

青藏高原是国际生物多样性的热点地区，到这样的地方去收集种子，有它的特殊意义。钟扬曾经说："十年前，即使在全世界最大的种子资源库里，也没有西藏地区的植物种子。"

西藏的面积占全国的1/7，可它的植物在科的等级占到了32%，在属的等级占到了38%，超过了1/3。青藏高原共有将近6000个高等植物物种，即可以结种子的占到全国的18%。更重要的是，其中有1000个左右是只有在西藏才有的植物，我们把它称为特有种。不仅数量大，而且质量非常好。

正因如此，钟扬才要投身于收集种子的事业。他知道，这是关系到人类未来生存，以及医药发展的重大事项。为了西藏巨柏的种子，他和藏族博士扎西次仁曾经在雅鲁藏布江两岸，给每一棵巨柏登记，花费了三年多的时间，把世界上仅存的3万棵巨柏全部登记在册。

十几年下来，钟扬和同事收集了4000多万颗种子，占西藏全部物种的1/5。他得意地表示，未来十年，也许还能再完成1/5，二十年下来就能把西藏的种子库收集到3/4，可能再用三十年就能全部收集完！

最理想的人生规划，是在毕业之前开始思考人生的大目标，然后你就知道未来要选择和接受一份什么样的职业。然而现实却是许多人并没有这样的意识，即使在工作了很多年后，依然是一种靠工作谋生的状态，迷茫和困顿总会时不时地出现。

如果此刻的你正处于这样的状况，也不要太着急，只要你还没有到安享晚年的地步，任何时候开始你的人生规划都不算太迟。制定人生规划，可遵循下列几个步骤：

步骤一：找到你的人生目标

一个幸福的人，一个成功的人，他的职业和生活方式与他的目标通常都是一致的。你不妨扪心自问：我是谁？我的一生想成就什么样的事业？回首往事，最让我感到满意的是什么？哪一类事情最能令我产生成就感？

第四章 定方向，找准斗争对象

步骤二：着手准备实现你的目标

在实现目标的途径上，职业选择尤为重要。你的职业能够帮你实现人生目标吗？如果不能，那就尝试更换职业；如果更换职业不现实，那就再考虑一个问题：有没有什么办法能把你现在的职业和人生目标联系起来？

步骤三：制订一个详细的计划

怎样的计划才算详细？它至少要能够回答如下问题：在未来的几年内实现什么样的目标？在未来的几年内拥有什么样的生活方式？这些问题的答案，会给你提供一份短期目标的清单。

步骤四：在现有基础上实施的条件

具体的短期目标形成后，你要考虑如何去实施。比如，你打算在五年内成为中层管理者，那你就要思考：你需要哪些能力才能担任中层管理者？你要增加哪方面的知识？你要排除哪些障碍？该岗位需要怎样的教育程度、经验水平和年龄层次？

步骤五：切实地付诸行动

没有执行，再完美的计划也是枉然。要实现人生的目标，一定要克服懒惰和拖延，集中精力去行动。在行动的过程中，难免会遇到各种阻碍或诱惑，要尽可能地减少负面因素对自己的干扰，力求不偏离既定目标。

步骤六：及时调整你的方法

外部环境和条件总在变化，在实现目标时既要有坚定的毅力，又要及时地更正和调整方式方法，审时度势，更有利于成功。

## 定位准，斗争路上更从容

A和B都是应届毕业生，在校园招聘会上同时被一家公司录用，入职客户部。进入公司后，A很努力，无论分配给他什么工作，他都尽力做好。他一直在想：只要我认真做，肯定会得到领导的赏识。B也很努力，可他打心眼里喜欢营销，也擅长跟人打交道，一心朝着营销的职位发展。两年后，A依然是客户部的职员，B却成了营销部的精英。

A心里不服气，甚至觉得有点委屈，总认为B就是靠着一张嘴爬上去的。后来，A把自己的不甘跟一位即将离职的老员工说了。这位老员工有能力、有经验，如今要自立门户创业去了，A想从他那里得到点安慰和建议。老员工诚恳地跟他讲："我知道你很努力，但你不知道自己的位置应该在哪儿，做了很多无用功；B知道自己的定位，知道自己擅长什么，所以他走到了你前面。你得找到自身的定位，让领导看到你的价值，你才能得到自己想要的东西。"

定位错误的人大多平庸一生，而有清晰定位的人大多一生非凡。在工作这个舞台上，每个人都在尽情地演绎着自己的角色，不是只有主角才能被人记住，把那个适合自己的角色演绎到极致，才是最大的成功。

要找到适合自己的位置并不容易，环境的限制、能力的大小，都可能阻碍我们走向这个位置。尤其是在充满诱惑的时代，很多人奋力争夺的只是别人眼中认为"好"的东西，并非真正适合自己的。人生在世，一定要清楚自己究竟想要什么，认清自己要做的事，认真地去做这些事，才会收获内在的平静与充实。

如何确定一个位置是否适合自己？它至少应当符合三个条件：

条件1：有强烈的兴趣，即便没有薪水也愿意去做。

条件2：有明晰的意义感，确信自己在其中实现了生命的价值。

条件3：有实际的经济收获，能够依靠它维持生活。

如果你对现下的工作状况不太满意，甚至对工作提不起兴致，那你有必要认真地想想：这个职位究竟适不适合你？你是否有必要重新给自己定位？在扭转现状的过程中，不要恐惧焦虑，也不要妄自菲薄，一定要记住——

"每个人在努力未成功之前，都是在寻找适合自己的种子。如同一块块土地，肥沃也好，贫瘠也好，总会有属于这块土地的种子。你不能期望沙漠中有绽放的百合，你也不能奢求水塘里有孑然的绿竹，但你可以在黑土地上播种五谷，在泥沼里撒下莲子，只要你有信心，等待你的，将会是稻色灿灿、莲香幽幽。"

## "SMART"目标制定原则

俗话说："人无远虑，必有近忧。"成功的职业生涯，往往从制定合理的目标开始。合理的目标往往会使工作更有目的性、计划性,并达到事半功倍的效果。

哈佛大学有一个非常著名的关于目标对人生影响的跟踪调查。调查的对象是一群智力、学历、环境等条件都差不多的大学毕业生,结果是这样的:

27%的人,没有目标;

60%的人,目标模糊;

10%的人,有清晰但比较短期的目标;

3%的人,有清晰而长远的目标。

此后的25年,他们开始了自己的职业生涯。

25年后,哈佛再次对这群学生进行了跟踪调查,结果是这样的:

3%的人,25年间他们朝着一个方向不懈努力,几乎都成为社会各界的成功人士,其中不乏行业领袖、社会精英;

10%的人,他们的短期目标不断地实现,成为各个领域中的专业人士,大都生活在社会的中上层;

60%的人,他们安稳地生活与工作,但都没有什么特别的成绩,几乎都生活在社会的中下层;

剩下27%的人,他们的生活没有目标,过得很不如意,并且常常抱怨他人、抱怨社会、抱怨这个"不肯给他们机会"的世界。

其实,他们之间的差别仅仅在于:25年前,他们中的一些人知道自己到底要什么,而另一些人则不清楚或不很清楚。

## 第四章 定方向，找准斗争对象

1984年，在东京国际马拉松邀请赛中，名不见经传的日本选手山田本一出人意外地夺得了世界冠军。当记者问他为什么能取得如此惊人的成绩时，山田本一说了这样一句话：用智慧战胜对手。当时许多人都认为这个偶然跑到前面的矮个子选手是在故弄玄虚。马拉松赛是体力和耐力的运动，只要身体素质好又有耐性就有望夺冠，爆发力和速度都还在其次，说用智慧取胜确实有点勉强。

两年后，意大利国际马拉松邀请赛在米兰举行，山田本一代表日本参加比赛。这一次，他又获得了世界冠军。记者又请他谈经验。山田本一性情木讷，不善言谈，回答的仍是上次那句话：用智慧战胜对手。这回记者在报纸上没再挖苦他，但对他所谓的智慧迷惑不解。

10年后，这个谜终于解开了。山田本一在他的自传中是这么说的：每次比赛之前，我都要乘车把比赛的线路仔细地看一遍，并把沿途比较醒目的标志画下来，比如第一个标志是银行，第二个标志是一棵大树，第三个标志是一座红房子……这样一直画到赛程的终点。比赛开始后，我就以百米的速度奋力地向第一个目标冲去，等到达第一个目标后，我又以同样的速度向第二个目标冲去。40多千米的赛程，就被我分解成这么几个小目标轻松地完成了。起初，我并不懂这样的道理，我把我的目标定在40多千米外终点线上的那面旗帜上，结果我跑到十几千米时就疲惫不堪了，我被前面那段遥远的路程给吓倒了。

山田本一说的不是假话,众多心理学实验也证明了山田本一的正确。心理学家给出了这样的结论:当人们的行动有了明确目标,并能把自己的行动与目标不断地加以对照,进而清楚地知道自己的行进速度与目标之间的距离,人们行动的动机就会得到维持和加强,就会自觉地克服一切困难,努力达到目标。

确实,要达到目标,就要像上楼梯一样,一步一个台阶,把大目标分解为多个易于达到的小目标,脚踏实地向前迈进。每前进一步,达到一个小目标,就会体验到"成功的喜悦",这种"感觉"将推动你充分调动自己的潜能去达到下一个目标。

在现代工业社会,企业特别是那些大企业要谋求生存、发展,首先要有高瞻远瞩的眼光,要有果敢的行动魄力,要随着经济形势的发展及时调整对策,才能不被时代淘汰。所谓谋略,实际上就是长远的目光,就是比别人看得远,能够未雨绸缪,并做出预测,提出发展的构想。当然,谋略也有优劣之分,判断的主要标准就是看谋略者的眼界是否开阔,思维境界是否高远。只有站得高看得远的人才能把握企业命运的脉络,确保企业生存和发展的动力不衰,成为商战中的胜利者。所以古人云:"不谋万世者,不足谋一时;不谋全局者,不足谋一域。"

对个人来说,要想取得成功则要制定有效的目标原则。

制定有效目标的SMART原则:

S就是Specific,即具体的;

M就是Measurable，即可测量的；

A就是Attainable，即可达到的；

R就是Relevant，即相关的；

T就是Time-based，即有时限的。

## 1. Specific（具体化）

设定目标一定要具体化。只有具体化了，才具有可操作性，才容易控制。

所谓具体，就是目标要明确，能够用语言清楚地说明要达到的行为标准，不能够笼统，不能够模棱两可，不能有争议性。

比如说，"我想当公务员"，这算不算一个好目标？公务员的范围很广，有不同技术领域的，不同职务的公务员。你想要当的是哪方面的公务员？这个目标描述得不很明确。再比如，我想把我的孩子培养成为一个成功的人，这个成功就不是具体的。

## 2. Measurable（可量化）

目标应该是可衡量的，即目标应该是可量化的。

所谓量化，应该有一组明确的数据，作为是否达成目标的依据。如果制定的目标没有办法衡量，就无法判断这个目标是否能实现。

我想成为一个快乐富有的人，这是不是一个好目标？什么才算是快乐，什么才算是富有？是精神上的富有，还是金钱上的富有？有多少钱算富有？一百万元，一千万元？快乐和富有并不是可量化的，没有可量化的指标，就算不上一个好目标。

所以，目标的衡量标准遵循"能量化的量化，不能量化的质化"的原则。制定人与考核人有一个统一的、标准的、清晰的、可度量的标尺，杜绝在目标设置中使用概念模糊、无法衡量的描述。

### 3. Attainable（可行性）

目标应该是具有可行性的。既然是目标，就一定是我们希望能够完成的，希望达到的。制定的目标可以有挑战性，有一定的难度，但决不能达不到。

应该这样理解达不到：根据自己目前的现实条件达不到，在短期内达不到。比如教育孩子，要充分了解孩子的实际情况，不要乐观地估计孩子的智力，制订过高的教育计划，导致孩子花了更多的精力也达不到，压力过多而扭曲了性格；也不要低估了孩子的可塑性，制定的目标没有挑战性，导致孩子松懈，不认真对待。

### 4. Relevant（相关性）

目标之间应该是具有相关性的。相关性指的是部门的目标应该与公司的目标一致，个人的工作目标应该与团队的目标一致。

比如学生在制订学习计划时，如果与学校的培养计划相关，与自己的学习课程结合，这是最理想的。

### 5. Time-based（时间限制）

目标必须是有时间限制的。任何一个目标，都有一定的时间限制，以便于衡量和考核。"我要完成百万订单"，什么时候完成？一年？两年？如果没有时间限制，则这个目标就不是好目标。

## 一生做好一件事

> 不管多么脆弱的人，只要把全部的精力倾注在唯一的目的上，必能使之有所成就。——西塞罗

2017年，中央电视台新闻联播播报了全国精神文明建设表彰大会的新闻，一位老人引起了大家的注意。老人已经九十多岁了，获得了全国道德模范的他，在人民大会堂领奖。看到老人家年事已高，站在代表们中间，习近平总书记握住他的手，请他坐到自己身边。

这位老人就是大名鼎鼎的"中国核潜艇之父"——中船重工第719研究所名誉所长、首批中国工程院院士、我国第一代核潜艇总设计师黄旭华。我们都知道，军事力量永远是一个国家立足世界的资本。现如今，我国的军事力量突飞猛进，而在这飞速发展的背后，有一批科学家在默默地为国家负重前行，黄旭华就是其中之一，他是一个真正把自己和人生奉献给祖国和人民的人。

1945年，黄旭华被保送到当时的中央大学航空系，后以第一名的成绩考入国立交通大学（今上海交通大学），开始追寻"造船造舰"抵抗外侮的报国之梦。从上海交大造船系毕业后，他就开启了与核潜艇一生的缘分。

1954年，美国"鹦鹉螺号"核潜艇第一次试航，这种新型武器的

巨大能量，完全超出了人们当时的想象。四年后，我国也开始启动研制导弹核潜艇，黄旭华被选中参加研究。

那时的祖国，无论是物质还是知识，都可谓是一穷二白。在没有任何参考资料的条件下，黄旭华和同事们大海捞针般地搜集有关核潜艇的碎片信息。后来，有人从国外带回来两个核潜艇的儿童玩具模型，黄旭华在拆解这两个玩具时，竟然意外地发现，这与他们构思的核潜艇图纸大致是一样的！

这给黄旭华及团队带来了启发和动力，他们用算盘和计算尺去计算核潜艇上的大量数据。为了保证计算的精确性，研发人员分组来计算，一旦出现不同的结果，就会重新再算，直到得出一致的数据。核潜艇上的设备、管线数以万计，黄旭华要求每一个都得过秤，几年来每次称重都是"斤斤计较"。最终，数千吨的核潜艇在下水后的试潜、定重测试值和设计值毫无二致。

功夫不负有心人。1974年，我国第一艘核潜艇"长征一号"，正式列入海军战斗序列。从1965年"09"计划正式立项，用了不到十年的时间，我国就造出了自己的核潜艇。

核潜艇造出来了，可黄旭华的脚步却没有停下。随后的几年里，他选择了极具挑战性的深潜试验，因为深潜才有战斗力！

二十世纪六七十年代，300米是当时核潜艇研制的世界水平，美国和苏联的核潜艇深度大概都在这个深度上下。那么，来犯者能潜多深，防御者也必须潜多深，否则就无法发现、锁定和攻击目标。

然而，深潜试验是极具危险性的。黄旭华这样解释道："艇上一个扑克牌大小的钢板，潜下数百米后，承受水的压力是一吨多，一百多米长的艇体，任何一个钢板不合格、一条焊缝有问题、一个阀门封闭不严，都可能导致艇毁人亡。"与此同时，他又表示，"我对深潜很有信心，将与大家一起下水！"

1988年，中国核潜艇第一次进行深潜试验。当时的黄旭华已过花甲之年，他跟潜艇官兵们一同下潜。深海寂静无比，巨大的水压压迫舰艇发出阵阵声响，现场所有人都很紧张，深深地屏住了呼吸。1小时，2小时，3小时，随着时间的推移，核潜艇到了水下极限深度，完成了4小时的深潜试验……试验成功了！黄旭华作为世界上第一位亲自参与核潜艇深潜试验的总设计师，他按捺不住内心的激动与喜悦，即兴挥毫：

"花甲痴翁，志探龙宫，惊涛骇浪，乐在其中！"

后来，当黄旭华向记者讲述"深潜"这段往事时，他把自己的人生都归结到上述的那首诗里："我的人生都概括在那首诗的两个字里了，一个是'痴'，一个是'乐'。六十年'痴'迷核潜艇，再艰难困苦也'乐'在其中，所以能百折不回。"

爱迪生在回答"成功的第一要素"时，如是说："能够将你身体和心智的能量锲而不舍地运用在同一个问题上而不会厌倦的能力……你整天都在做事，不是吗？每个人都是。假如你早上7点起床，晚上

11点睡觉，你做事就做了整整16个小时。对大多数人而言，他们肯定是一直在做一些事，唯一的问题是，他们做很多很多事，而我只做一件。"

人的精力是有限的，总想着什么事都做好，往往会一事无成；专注地做好一件事，就能从平凡到卓越。道理很简单，就像我们钉钉子，小小的钉子不起眼，可它能钻进木板和砖墙里，原因就是它把所有的力量都集中在了一个点上，垂直用力。做事与之相通，认清目标，集中全力，不徘徊、不犹豫，坚持到底，定能有所收获。

太阳普照着万物，可任它再怎么发光发热，也无法点燃地上的柴火；如果拿着一面小小的凸透镜，只要让一小束阳光长时间地聚集在某个点上，即使在寒冷的冬天，也能把柴火点燃。

这说明什么呢？强大的力量分散在诸多方面，会变得毫不起眼；微弱的能量集中在一起，却能创造意想不到的奇迹。世界上所有令人瞩目的成就，都离不开"专注"二字。

英国著名作家塞缪尔·斯迈尔斯说："如果一个人集中所有的精力和心志去坚持不懈地追求一种值得追求的事业，那么，他的生命就绝不可能失败。"成功向来与见异思迁、摇摆不定的人无缘，钻进一个领域，把所有精力倾注于此，才能慢慢发展成精专型人才。有一个词语叫"聚焦"，就是把主要的精力和时间聚焦在某一领域、某一件事上，形成自己的核心竞争力。人一生不必苛求自己做出多少成就，只把一件事情做好，就是很了不起的事了。任何行业都有出类拔萃的人物，不是非要紧跟热门行业才有前途，不管你是行政文员，还是出纳会计，或是媒体运营，从你脚下的土地深挖下去，都有可能挖出泉水。越是贪多，越是浮躁，挖一下换一个地方，到最后越容易两手空空。

社会不乏有才能的人，真正缺少的是用心专一的人。在物欲和名利的诱惑下，很多人都忘了什么是脚踏实地，也忘了循序渐进的法则，总在反复地折腾，以为机会遍地都是。事实上，人一辈子所做的事情中，很多活动都只是铺垫，真正起决定作用的只有几次。当你认准了一件事，抓住了一个机遇，再难也不放手，很可能完成了这件事，就奠定了你一生的价值。"一生做好一件事"，这个标准看似不高，但真能把一件事做透、做精、做到极致，却是很不简单的。

经典名著《飘》的作者玛格丽特·米切尔，一辈子的著作很少，算是"产能"很低的作家了，可那又如何呢？她在文坛上的地位，是绝大多数高产作家难以企及的。她一生都遵循着父亲的忠告："每一件事都要认真地做到最好。人生不一定要做很多事情，但是，至少要做好一件事情，因为质量远比数量来得重要。"

生命是短暂的，精力是有限的，工作需要的不是"万事通"，也没有人真的能像搜索引擎一样，无所不查。要区分和去掉那些不重要的事，抛却什么都想做的贪欲，专注去实现一个目标，挖掘生命的深度。唯有如此，事业之路才会越走越明朗。

斗争决定成败

## 第一次就把事情做对

"第一次就把事情做对（Do It Right the First Time，简称DIRFT）"是著名管理学家菲利浦·克劳士比"零缺陷"理论的精髓之一。他告诉人们，"第一次就把事情做对"是最便宜的经营之道！道理很简单：第一次没有把事情做对，势必要做一些修修补补的工作，做第二次、第三次，这些都是额外的浪费。

克劳士比指出，管理层必须不断地通过找出做错事情的成本来衡量质量的成本，这种成本也被称为不符合要求的成本。为此，他创立了这样一个公式：质量成本（COQ）＝符合要求的代价（POC）＋不符合要求的代价（PONC）。所谓"符合要求的代价"，就是指第一次把事情做对所花费的成本，而"不符合要求的代价"却使管理层意识到浪费成本的存在，从而确定要改进的方向。

一次，克劳士比应一位著名企业家的邀请，去该企业做咨询。这位企业家对克劳士比先生抱怨说，自己平日太忙了，根本都没有时间去赚钱。问及原因，才知道是他的工厂总是无法按期完成生产计划，总是延期发货，客户们为此有很大意见。为了赶工期，他不得不新招聘400名工人加班加点地工作，可生产进度依然赶不上增加的订单。

克劳士比到他的工厂进行了一番考察：那是一家非常现代化的组

织，厂房明亮，规划整齐，生产设备也很先进，有七条装配线能把不同的部件组装在一起，且每条装配线的尽头都设置了检查站，一旦哪个环节出现问题，质检人员就会记录在一张单子上。然而，几乎每台机器都会在某个环节出现不同程度的问题，出现问题的产品被送到返工站。那里搭建了几个工作间，由最有经验的工人负责返工的工作，返工之后产品就能够出厂，发给客户了。

考察的整个过程中，克劳士比一句话也没说。午餐时，企业家终于忍不住了，他问克劳士比："有什么办法能把返工的次数减下来吗？"说着，他还列举了一些难以规避和解决的问题，如机器在生产过程中不可能没有失误；工人们都很敬业，为了返工可以工作到夜里12点，已经是极限了；技术上的改进在两年内实现不了等。

克劳士比笑了笑，说："实际上，我给的建议很简单——取消返工区，您不妨一试。"

企业家摇摇头说，说道："取消返工区？先生，您是在开玩笑吧？这样的话，返工的产品在哪里重新修复加工呢？要知道，返工的产品占全部产品的30%！"

克劳士比告诉他，其实只需要做一件事，就能把所有的问题都解决掉，而且以后永远都不会出现返工。企业家不相信，称不可能有这样的情况。克劳士比没有说话，只是拿出了纸笔，写下这样的建议：

- 关闭返工站，让在那里工作的人都回到各自的生产线当中去，做指导员和培训员；

- 在生产线尽头摆上三张桌子，让质量工程师、设计工程师和专业工程师各管一张；
- 将出现的缺陷按"供应商的问题""生产过程中产生的问题""设计的问题"进行分类，并且坚持永远、彻底地解决和消除这些问题。
- 将机器送回生产线修理。
- 建立"零缺陷"的工作执行标准。

虽然心里有些疑惑，可企业家还是按照克劳士比的建议进行了改革。结果，他们发现了许多管理问题。比如，订购零件时只看价格高低，忽略了质量；没有对生产线的工人进行很好的培训；有的人接受了这样一种观念，那就是一切都需要返工……几个星期以后，他们的生产进度发生了质的飞跃，无论订单如何增加，总能按时或提前完成任务。

不仅如此，他们还在车间设立了一个标志板，上面写着生产无故障、无缺陷产品的天数。随着时间的推移，这个数字越来越大，甚至连他们自己都不敢相信。而且，他们还学会了检查新产品的方法：工人一边装配，一边将出现的问题提出来并解决掉。工人们再也不必每天加班到12点，而且按时上下班，有更多的时间去享受业余生活。

最让他们高兴和自豪的是，由于企业生产速度很快，提供的产品质量稳定，性能可靠，很快他们就占据了本行业最大的市场份额。日本企业原本已经进入了这一市场，但因为看到了该公司的领先水平，最终选择了退出。这家企业也成了所属行业中第一家打败日本企业的企业。

回顾整件事，在克劳士比提出取消返工区时，几乎所有人都觉得这是不可能的，因为在他们看来，"第一次就做好"是一个理想化的状况，不可能在现实中发生，谁也不可能在第一次就制造出零缺陷的产品，尤其对他们这样的企业来说，更是奢望。

可实际情况又是怎样的呢？"第一次就做好"没有想象的那么难！此后，他们先后兼并了七家工厂，这些工厂也都采取了同样的管理办法。即便是那些只有小学文化水平的人，也一样做到了"没有返工"的要求，且每家工厂的利润都提高了10倍以上。

把事情做对、做好有很多机会。如果一项工作有十次做对的机会，第一次没做对，第二次没做对，第三次没做对……到第九次做对了，结果是对了，但相比第一次直接把事情做到最好，却浪费了大量的时间。所以，当一件事情是有意义的，且具备了把它做好的条件，为什么不一次性就把它做好呢？第一次就把事情做对是成本最低的，也是效果最好的。斗争精神同样要求我们不断寻找解决问题的最优解。

很多事情，做不做得到是能力的问题，想不想做到是思想的问题。如果你始终秉持着"一次就把事情做好"的原则，那么你就会尽最大努力去实现目标，你的工作会变得更加高效，你的生活也会变得更加丰富。

在很多人的工作经历中，应该都发生过工作越忙越乱的情况：解决了旧问题,又产生了新问题。由于忙乱而产生新的工作错误,结果事情越做越多,不仅自己忙,还会使身边的人也跟着忙,最终造成了巨大的人力和物力的浪费。

要想在工作中避免这种"忙乱症","第一次就把事情做对"是最好的解决办法。

有人会说:"人非圣贤,孰能无过。要一点错误都不犯,这不可能啊!"话这么说是没错,但是我们会发现,工作中的绝大多数错误,其实都是可以避免的。人们犯错的根本原因,不是没有不犯错的能力,而是没有那种"绝不犯错"的心态。

执行力的高低最终决定竞争力的强弱,直接影响到组织的生存与发展。因此,我们强调"第一次就做对"。"对"是战略目标,"做"是执行,"第一次"是效率。

盲目地忙乱毫无价值,必须终止!第一次就把事情做对,才是解决"忙乱症"的要诀。我们每个人都应该检讨自己的工作,因为第一次没把事情做对,给组织造成的损失是巨大的。组织中每个人的目标都应是"第一次就把事情做对"。

高质量的工作来自零缺陷的产品,高收益的组织来自高效能的习惯。一家公司的老总曾为员工算过一笔账:"我们公司的产品净利润很低,只有3.25%,如果第一次就把事情做对,我们的成本会降低1.8%～2.6%,相当于提高了总利润的55%～80%。换句话说,如果大家都能够第一次就把事情做对,公司运作一年就等于赚了一年半以上的利润。假如把这些多出来的利润拿出20%作为奖金，大家想想拿到手的工资会是多少？如果每个员工都能这样要求自己，那我们公司的发展前景又会是什么样？"

第一次就把事情做对、做到位代价最小，收效最大，这不仅仅是一种工作方法，更是关系到一个企业、一个组织兴衰成败的重要法则。

第一次就把事情做对，是对自己负责，也是对组织负责。所以，在工作中，第一次哪怕多花点时间和精力，也要把事情做到位，坚决避免一切无谓的从头再来！

## 慢即是快

一所驾校的老教练，每次面对他的新学员，都会先说一句："开车，要懂得慢，能慢才比较快。"

"为什么？"总是有人会不解地发问。

"等你们正式上路的时候就知道了。"老教练总是这样回答。

上路了，新手们跃跃欲试。听老教练讲完各项基本要领，特别需要注意的事项后，手刹一放，油门一踩，新手们就像欢快的兔子似的窜了出去。

碰到上坡，新学员一着急，熄火了，再打火，车抖了一下，又熄火了。老教练在一旁轻轻地说："慢点。"

"哦。"学员点点头，慢慢点火、踩油门、松离合器，车缓缓地启

斗争决定成败

动了。

"原来慢的道理在这里啊。"学员们若有所悟。

"不，还有更多。"老教练意味深长地笑着说。

一期学习快结束了。最后一天，两个学员相约比比车技。老教练说："好，我来做裁判。"说着上了其中一个学员的车。

50多公里的车程，最后老教练坐的那辆车先到了。另一个学员很不解，因为全班技术数他最好。他问："老师，你是不是在路上帮他开了一段？不然我原来领先的，怎么不知什么时候就被你们超过去了？"

老教练说："我一直在副驾驶上看着。只提醒了一句话：慢点开，会比较快。"

失败的那个学员大惑不解。

这时，其他学员也都围了上来。老教练说："你只想着快点开到目的地，就拼命踩油门。这样乍一看是很快了，可是路上的情况千变万化，你总难免会碰到需要急刹车的时候，这样你的速度就必然会减慢。等你再加速，却已经慢了。其实还不如一直平平稳稳地开车、提前处理情况来得快。我们这辆车，就是在你差点碰到一辆自行车停了一下的时候超过你的。"

老教练最后语重心长地说："你们的学习马上要结束了，以后自己上路，千万要记得，慢才是王道。慢不仅是对自己和别人的安全负责，更重要的是，慢才是快的真谛。"

老教练说的是开车的道理，其实做人做事也一样。古人说：欲速则不达。你越是希望尽快完成事情，结果常常是不但达不到目的，反而还因快变慢。正如那些急功近利的人，发财要快，做什么都要快，结果往往适得其反。

大部分情况下，事情得一步一步来，按部就班，不可能不经过耕耘就有收获。就像农民种地，春天要耕地；夏天要除草追肥，引水灌溉；秋天要收获归仓；冬天还要准备来年的种子。那些一厢情愿想要一蹴而就的人，古人给了一个中肯的评价——揠苗助长。

因为人在急切地追求一个目的的时候，容易迷失内心的清明，所以他的精力、能力就会无形地消耗于这种追求中。很多时候，这种追求达不到应有的目标，比如一个人想发财、想出名、想升官，都不是追求就一定能到手的。有时候目的达到了，却发现茫然若失，因为在追求的过程中，初心已经失去了。

有一句被广为引用的印第安谚语这样说：如果我们走得太快，停一下，让灵魂跟上来。我们可以说一句实用版的："慢慢来，会比较快！"

在纷繁嘈杂的生活和工作中，懂得慢的人，至少有以下的收获：

**1.不会因为急于求成而犯错**

除非别有用心的人，不会有人有意犯错，但急于求成会让人犯下不该犯的错误。所以，碰到周围环境都很急的时候，提醒自己，慢慢来。这可以使你规避许多不必要的麻烦，最主要的是，这种心态并不会真的减缓你的工作速度。

### 2.能够帮助你修炼定力

很多成功人士都说过，自己被人传诵的传奇，其实也不过就是在关键时候做了正确的选择而已。但是说来轻巧，能做到的人不多。因为越是关键的时候，越需要定力。习惯于在生活中不急躁、按部就班完成工作的人，他的定力也会在不经意间增长。

### 3.有助于提高心理承压力

何为心理承压力？新东方董事长俞敏洪曾用一个很形象的例子做了说明。

一些面粉放上水揉一下，然后一捏，此时面粉很容易会散开。但是你继续揉，揉了千遍百遍以后，它再也不会散开了。你将它拉长，它也不会散架，只会变成拉面。这是因为它有了韧性。

这种韧性就是人在社会立足的基本能力之一。拥有这种韧性，遇到失败和痛苦你就能够承受，不然就会像没揉好的面粉一样，一拍即散。

学会慢下来去工作、去生活，就是锻炼自己的承压力。

人生就像一场马拉松，如果你总是用百米冲刺的心态和速度去参与，那么不是力竭而亡，就是半途而废。那些能跑完全程并取得好名次的人，往往都是跑得并不快但一直稳步前进的人。

## 提出问题和解决问题一样重要

真知源于物质运动的展现，源于人之精神——好奇心的发展。

## 第四章 定方向，找准斗争对象

翻开人类科学探索的历史，从蒸汽机到电动机，从热气球到宇宙飞船，从钻木取火到使用核动力，无一不是依靠着人类的探索，推动着人类从愚昧野蛮走向文明进步。科学探索的过程，凝聚了人类的聪明才智、勤劳与汗水。人们为了打开"未知"的大门，除了竭尽全力，还深入到自然之中，摆脱一切偏见，始终实事求是，敢于向权威和传统挑战。科学家们在探索中表现出的那份强烈的热爱与好奇心，理性思考、锲而不舍的精神，更是值得赞誉，而这也是斗争精神要求的。

斗争中会面对很多新情况、新问题，这就需要我们具备科学探索的精神。科学探索的精神，既来自现实的需要，也来自人类的好奇心。当人类从原始对自然现象的恐惧与崇拜中解脱出来以后，大自然绚丽多彩、变化万千的种种现象，激发起了人类的好奇心和寻找其中奥秘的欲望，当人们由此开始执着地探索，并试图了解我们所处的世界时，科学就开始了它漫长的历程。

好奇心和求知欲是科学之母。诺贝尔物理学奖获得者薛定谔曾说："好奇心是一种刺激。对于科学家而言，首先就要求他必须是好奇的，他必须能感到惊奇并渴望发现。柏拉图、亚里士多德和伊壁鸠鲁都强调了惊异的重要性，当涉及世界作为整体这样普遍的问题，就更为重要了。因为的确，世界只给我们一次，我们没有其他可与之相比的问题。"

我们都吃过石榴，但很少有人留意过石榴籽的形状和排列。伟大的物理学家开普勒，在17世纪就观察了石榴籽的形状：最初石榴籽是球形的，随着它们慢慢长大，任何一粒位于中心的石榴籽周围都紧贴着另外的12颗石榴籽。于是，石榴籽就变成了12面体。不过，这12面体并不是由12个五边形组成的，它类似风筝的形状，这种形状被称为菱形12面体。

我们的生活中有不少揭示自然奥秘的现象：一层层摆放的球形水果，最节省空间的就是六边形，此时层与层之间彼此契合在一起，每颗水果下面都有3颗水果托着它，合在一起，这4颗水果就构成了一个四面体的4个角。

这些东西在常人眼里并不算什么，可对于科学家而言，却能引发大量的思考。开普勒对此就很好奇，他猜想：是不是有比六边形排列更节省空间的呢？带着这份好奇心，他又开始对石榴籽内部进行观察，在此过程中，又联想到了雪花有6个花瓣的问题。

直到1912年，X光结晶学诞生，他终于弄清楚，上述问题与水分子的结构有关。水分子的球棍结构跟水果的摆放方式有很多相似之处。冰晶中呈现出的六边形，是构成雪花形状的关键。所以，开普勒的直觉是对的：水果的堆放和6瓣雪花之间，的确存在某种关联。随着雪花逐渐形成，水分子依附在六边形的6个顶点上，也就形成了雪花的6个花瓣。

科学，就是在这样的一点点好奇与探索中，逐渐深入、逐渐发展的。好奇心和求知欲，是科学探索精神的开始；渴望揭开自然之谜，不断求解新的难题，是推动科学不断进步的内在动力。丧失了好奇心，就等于丧失了构建自身科学精神的基础。

正因为有了好奇心，牛顿才会在看到苹果落地时，触景生情，探求其中的道理，从而发现"万有引力定律"；正因为有了求知欲，伦琴才会对实验中产生的奇异荧光产生兴趣，追根究底，从而发现"X射线"。

斗争精神需要科学精神的指导，没有科学精神支撑的斗争就是盲目的，往往会跑错了方向，结不出想要的果实甚至结出错误的果实。科学能指导我们的，不仅仅是宇宙飞船上天、深水潜艇下海、生命工程、未来能源，生活在今天这个世界里，做任何事都离不开科学的指引。在单位以高效率的方式工作，需要科学的统筹；在家里养育孩子，需要科学的教育；在行业中想要更上一层，需要相关行业系统的科学认识。科学精神可以指导我们拥有高效的工作和优质的生活，它与每一个人息息相关，而培养科学精神的第一步，就是保留和延续那一份难能可贵的好奇心。

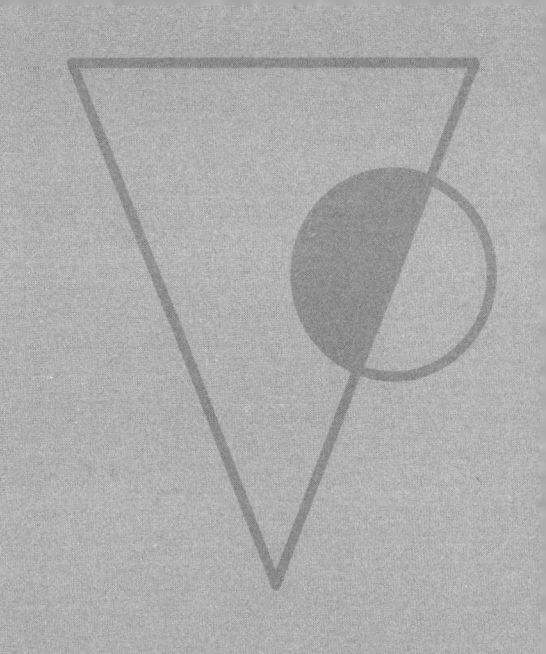

第五章
# 必执行，凸显斗争效果

## 执行贵在自我驱动

每个人都需要向上的驱动力,每个组织都希望能够通过种种方式驱动员工不断向前。对于组织来说,驱动员工可以通过规章制度、奖惩措施等方式,但这种驱动往往显得简单粗暴,长此以往甚至可能适得其反,员工不仅没有产生行动的动能,反而会用消极的态度抵制。员工要想获得持久的提升,就要产生发自内心的提升意愿,并真正落到执行上。究其根源,我们更需要的是自我驱动力,自己真正意识到才最有动力去做到。

钟诚在公司干了五年,能力突出、业绩领先,深受领导赏识。领导有心提拔他,给他安排到了一个中层管理的岗位上。在领导看来,像钟诚这样既聪明又肯干的年轻人,经过一段时间的历练,将来一定能成大器。

钟诚顺利晋升为中层后,突然间发现,原来那些绑在自己身上的规章制度、条条框框，似乎都弱化了。早上不用按时按点地到单位了，如果有人问起来，可以说一句："哦，早上碰到一个重要客户，和他一起喝了个早茶，聊了点事情。"工作也没有那么"紧迫"了，原来每天要写汇报，每周要做一次比较大的总结，可当自己成为中层以后，只对单位的大领导直接负责。可大领导那么忙，有时候一个月都不见人影，所以很多事情都不用着急去做了。

凡此种种，钟诚过上了惬意的中层领导生活。可是，没过多长时间，钟诚从心态到行为上的变化就被领导发觉了。这个原本做事踏实的优秀员工竟成了一个混日子的中层，惹得底下的员工议论纷纷。领导颇有些恨铁不成钢，对另一位高管说："看来啊，钟诚这个人只适合在基层工作，不适合当管理者。"

几天后，钟诚被调离了岗位。更糟糕的是，他的工作"前途"，也在这短短几个月时间里彻底地"定格"了。

钟诚的"变化"，其实也是很多人容易踏入的一个误区。他们忽略了一个道理：能力越大责任越大，岗位越高要求越高。越是职位提升，越要严格要求自己，不断地鞭策自己，提升各方面的素质。如果没有自我驱动的能力，是做不好本职工作，更做不好管理者的。

那么，我们该如何培养自我驱动力呢？

- **每天学习一点新东西**

随着年龄的增长，诸事繁杂，我们经常会感觉时间越来越不够用了，所以很多人就放弃了学习和自我提升。学如逆水行舟，不进则退。更可怕的是，退步的不仅是你的知识储备和能力，还有你的自我驱动力。

• **放下借口，自我分析**

做事出了问题，或者没能完成任务，我们经常会找借口辩解。久而久之，形成事事找借口的不良习惯。遇到真正需要自己承担起责任的时候，也往往用各种理由推脱，最终就是不作为，丧失解决问题的斗志。针对这种问题，我们要先自我反思，然后尽量向前看、找出路，不要回头看、找借口。放下借口，就意味着你有更多精力不断奋勇前行，可以更好地保持你的自我驱动力。

• **保持乐观稳定的情绪**

中国企业改革与发展研究会会长宋志平先生认为："企业应该是一个能让员工施展个人才华、实现自我价值、创造美好生活的平台。如果员工不幸福，企业做得再大也毫无意义。"

员工的情绪状态映射着一个企业的中坚力量对现状的满意程度。如果员工是快乐的，那就说明他对前景是乐观的，而这样的企业自然也是有前途的。反之，如果员工情绪低迷、沉闷消极，那么整个企业的氛围都是沉闷的，缺少活力的，进而影响全局。

从这个角度来说，你能否让自己快乐，保持乐观稳定的情绪，也是一种"战略需要"。要知道，你的情绪不仅会影响到上层对局势的判断，也会感染其他员工，让他们陷入负面情绪中，最终让整个企业受到严重的影响。

• **把优秀当成"刚需"**

拿破仑说："不想当将军的士兵，不是好士兵。"只有立志当"将军"的"士兵"，才会力求各方面都做到优秀，把优秀当成一种"刚需"！

所谓"刚需"，很容易理解：认定一个问题要解决时，就会不断地思考、观察、分析、总结，在这个过程中让自己进步，变得更精进。认定一个目标，就要尽全力去实现。无论什么时候，都会尽量追求更加优秀。

总而言之，养成不断学习的习惯，遇事不找借口找方法，保持积极向上的态度，把优秀当成习惯……这样的人，能够保持旺盛的精力和强大的斗争精神，让自己拥有做事的热情与不竭的动力。与此同时，散发出独特的个人魅力，潜移默化地影响到身边的每一个人。

## 制度是落实的保障

汉代荀悦的《前汉纪·孝武皇帝纪一》说："经国序民，正其制度。"在无序状态下，人们做事杂乱无章，没有时间意识，得过且过，最终任务难以完成，问题解决不了，人们变得没有获得感，浑浑噩噩，毫无战斗力。秩序可以来自自律，也可以来自制度，但是要保证长久的高效秩序，从而产生持久的战斗力，单靠自律是不现实的，需要有可靠的制度作为支撑和保障。

因此，作为员工，一定要养成制度意识，严格遵守组织的规章制度，这样才能使工作得到很好的落实。

## 第五章　必执行，凸显斗争效果

被人们称为石油怪杰的保罗·盖蒂，和父亲联手开采石油，不到24岁就成为当时最年轻的百万富翁。这个富有传奇色彩的人物，从小学习就很差，连大学的毕业证也是父亲帮他拿到的。但就是这样一位备受争议的人物，年纪轻轻就非常精通管理之道。

一次，保罗·盖蒂去巡视自己的油田。看着高耸入云的井架，巍峨雄壮；黑色的石油源源不断地从地下冒出来，好似金币的源头，生生不息、永不枯竭，保罗畅想着：这仅仅是原始阶段，未来，我要组建一个石油帝国，买世界上最大的船舰，将石油输向世界各地。

但是，保罗再往里走的时候，忽然铁青着脸，嘴里不断地咒骂着。美好的畅想早就被抛到九霄云外去了。原来，他竟然在自己的油田上发现了闲逛的人，更有甚者，还在抽烟、闲聊。工人们见了保罗，惊慌失措，低着头，不停地揉搓着裤缝。

"该死的！"保罗随即找来了工头，解雇了那几个工人。果断、决绝，不留任何余地，也不给求情的机会。杀一儆百……保罗果然很聪明。

但是，最令人措手不及的是，下次去巡视的时候，事态变得更为严重了。很多人在干活时都在公然浪费原料。工人是世界上最团结的群体之一，一旦被激怒了，他们才不管你是什么老板呢！

保罗忽然明白了。他默不作声，转身走了。

没过几天，保罗又来了。这次他手中多了几页薄薄的纸，召集了所有工人，把纸交给工头，让他大声宣读。从此以后，油田的工地上闲散人等了无踪迹，原料也是一份当两份使，产量翻了好几番，油田里一副欣欣向荣之景。保罗实现了自己的畅想，他终究还是赢家。

而那张纸上只写了这么一句话："从今天起，油田交给各位经营管理，效益的25%由各位全权支配。"

管理艺术的最高境界并非重塑、改造人性，而是因势利导——自私、虚伪、狂妄、贪婪皆能为我所用。但是要想用好，以及把握好这个尺度，必须有一个详细制度为前提。

制度是落实工作的重要保障，规范操作则是提高员工落实力及企业运行效率最根本的手段。员工如何规范操作，提高自己的落实力，这需要有合理的规章制度。只有适合企业文化的规章制度，才能有效保证员工对各项工作的落实。因而，在制订合理规章制度时，应遵循以下几个基本原则：

——制度要严谨

有些企业经常是随口说一些规定和制度，这样做很不严谨，也非常不科学，最重要的是极大地破坏了团队规章制度的权威性。

——制度不是孤立存在的

规章制度不是孤立存在的，它是存在于企业文化这个大范畴之内的一个小系统，在落实过程中，它要能与其他的系统相兼容。

——执行制度要公平、公正

制度得到落实的根本是遵循公平、公正原则。有员工违反制度而未受惩罚，就是对其他员工的不公平和不公正，这样的制度本身就是苍白无力的。只有在制度落实上表现出公平、公正，才更能显出制度的严肃性。

——制度必须具有可行性

制度不应像海市蜃楼那样只供观看，而应是可行和可操作的，无法落实的条文和规定必须立即废止。因为它在实际情况中如果不能落实，就会对规章制度的权威性造成极大影响，制度的落实要让每位员工感受到遵守它就必须付出努力，从而改掉散漫的作风。

——制度要有一定的弹性

没有什么规定能够精确地限定一种事物，制度也同样如此，所以制度应具有一定的张力和弹性。但是这种弹性不宜过大，否则，制度就会变成一纸空文。要明确制度上量的尺度和质的依据，使具体操作过程变得容易些，可避免落实时的走样和变形，也可避免落实过程中的随意性。但制度的弹性也不宜过小，那样就会过于死板和苛刻。把握好这一原则，从而提高落实效率，增加解决问题的可能性。例如某公司有"超过上班时间5分钟为迟到"的规定，弹性的体现就在这5分钟，是考虑到在上班来的路上可能会堵车、发生意外等特殊情况而制订的一个条款，这种弹性在无形之间体现了公司的人性化。

——制度应该是具体而细微的

制度过于笼统只会显得不具有可行性，应该明确具体的条文和细则。一些企业的制度无法落实的教训之一，正是因为那些制度是包罗万象的抽象性规定，虽然内容丰富，覆盖面广，精神主旨正确，可一旦涉及具体问题时，就无法落实解决。例如，有的企业管理部门规定上班时间"要认真工作"，这就太过抽象，不容易具体落实。现实中，基层工作是具体的，需要有一些具体的条例和实施细则。例如规定"几不准"问题，只规定不准做什么是远远不够的，即使有人违背了这种制度，也不能及时追究责任。因此，还要有具体的惩罚措施，这是很多企业在制订制度时经常会忽视的一个方面。落实要靠制度做保障，没有制度，工作就很难得到落实。

## 精益求精蕴藏在稳扎稳打中

翻看历史，读一些伟人的传记，我们往往能总结出一些共通之处：出色的发明家、艺术家、思想家，他们的成功都不是一蹴而就的，而是经历了漫长的过程，勤勤恳恳，稳扎稳打。

汪中求先生在《细节决定成败》一书中说："在中国，想做大事的人很多，但愿意把小事做细的人很少；我们不缺少雄韬伟略的战略家，缺少的是精益求精的执行者；不缺少各种规章制度，缺少的是对规章条款不折不扣的执行。我们必须改变心浮气躁、浅尝辄止的毛病，提倡注重细节、把小事做细。"

凡事要循序渐进，倘若跨越了事物的发展阶段，往往不会有太理想的结局。太急了，就会失去耐性，损伤根基，容易被诱惑所动摇，也无法做到兼顾细节，精益求精。只有一步一个脚印，踏踏实实地去做，舍得花费时间来证明自己，才会"一分耕耘一分收获"。

我们都知道，科学研究是一项大工程，绝非一日之功。那些献身于国家的科学家，往往是几十年如一日地去做研究，始终保持严谨细实的工作作风。

1965年，潘镜芙受命主持我国第一代导弹驱逐舰。

这是潘镜芙年少时的梦想，可真的触碰到梦想的那一刻，潘镜芙却发现，这条路走起来比想象中艰难太多。过去，我国造的水面舰艇都是单个武器装备军舰，彼此间没什么联系，全靠指挥员的口令来人工合成作战系统，综合作战能力较差。

关键之际，"中国导弹之父"钱学森参与了确定驱逐舰导弹系统方案的会议，提出了"系统工程"的观点。这让潘镜芙茅塞顿开，他决定要把这个理念应用于舰船设计中。为了实现"系统工程"的目标，潘镜芙带领同事去调查国产设备研制情况，这些设计单位分散在全国各地，他们在"吃着窝头，每人每月三两油"的艰苦条件下，先后召集一百多家单位参与设备研制，解决了一系列的技术难题。

1968年，第一代导弹驱逐舰首制舰在大连造船厂开工建造。历经四年的艰苦奋战，首制舰于1971年12月顺利交付海军服役。从此，中国海军第一次拥有了具备远洋作战能力的水面舰艇，我国驱逐舰进入导弹时代，而潘镜芙也被外国同行称为"中国第一个全武器系统专家"。

20世纪80年代，世界各国军舰都在竞相升级导弹驱逐舰，而我国的驱逐舰与国际先进水平相比，还落后很多。这让潘镜芙很焦虑，他意识到，研制更先进的驱逐舰已经迫在眉睫。为了适应新技术条件下的作战需要，我国开始研制第二代新型导弹驱逐舰，潘镜芙担任总设计师。

那时，潘镜芙又做了一个有争议的决定：在第二代导弹驱逐舰的动力装置上引用国外设备。有人讥讽他说："如果设备出了问题，难道要让外国人来解决吗？"潘镜芙再次顶住压力，强调说："引进国外设备和技术，可弥补国内的一些短板不足，让新型驱逐舰整体站在较高的技术起点上，加快国产驱逐舰的发展速度。凡引进的设备，都要确定国内的技术责任单位和生产单位，实现国产化，填补国内技术空白。"

1994年和1996年，由潘镜芙主持设计的中国新一代导弹驱逐舰哈尔滨舰和青岛舰分别交付海军使用，新型舰艇缩小了与发达国家的技术差距。1995年，哈尔滨舰先后访问朝鲜、俄罗斯；1997年，又作为中国海军编队主要军舰访问美国、墨西哥、秘鲁和智利，实现了中国军舰首次环太平洋航行。2002年，青岛舰远航4个多月，横跨印度洋、大西洋和太平洋，实现了中国海军历史上的首次环球航行。

1995年，潘镜芙当选为中国工程院院士。

此后的他，逐渐退居二线，不再具体负责舰船设计工作，但仍然担任国产军舰设计的顾问，为新型驱逐舰的改进做贡献。

从踏入铸舰这个领域，到第一代导弹驱逐舰交付使用，并实现首次环球航行，潘镜芙花费了整整四十年的时间！

由此我们也可以领悟到：任何伟大的事业，都是聚沙成塔、集腋成裘的过程；任何经久不衰的艺术品，都是精雕细琢、反复打磨后的结果。沉下心来，不浮不躁，实事求是，坚持不懈地把每一处细节都做到完美，是斗争路上克敌制胜的"武器"。

## 千锤万凿，石破天惊

一次交流中，有人出了一道智力题：荷塘里有一片荷叶，它每天会增长一倍，假设30天可以长满整个荷塘，试问第28天的时候，荷塘里有多少荷叶？

当时，有不少人拿出手机，利用计算器来算；也有人开启了"网络模式"，试图马上找寻到答案。尚未等大家开口，出题人就揭晓了答案：第28天的时候，荷塘里有1/4的荷叶。

其实，这道题的答案很简单，只要从后往前推即可。荷叶每天的变化速度是一样的，既然第30天的时候会长满整个荷塘，那么在第29天的时候必然就是1/2，而第28天的时候，就是第29天的一半，即1/2的一半，1/4。

看，仅仅两天的时间，我们看到的景象却截然不同。熬过了漫长的28天，却只能望见小小一角的荷叶，这不免会让人有些焦急和失落，甚至没有耐性继续等下去。因为等不及，所以就等不到。他们不会想到，再多坚持两天，那小小的一角就会扩大到整个荷塘。

斗争决定成败

这说明什么呢？在通往成功的路上，多数人都期待看到"第29天"的希望，还有"第30天"的成功，却不愿忍受漫长的成功过程，而选择在"第28天"的时候放弃。同时，它也从另一个角度提醒那些心浮气躁、急功近利的人，成功不是一蹴而就的，但只要每天进步一点点，这种积累就会爆发出巨大的力量，带来翻天覆地的变化。

我们每一天所做的每一件事，都是在为将来做准备；今天取得的一项成就，激发的一个灵感，获取的一个创意，都得益于过去的积累；未来某一天的一个新突破，也必然得益于今天"不经意"的积累。有些事情当时看来微不足道，可若坚持做下去，往往会在几个月甚至几年以后产生影响，最终改变整个人生。

20世纪初，在太平洋两岸的日本和美国，有两个年轻人都在为自己的人生努力着。

日本人每月雷打不动地把工资和奖金的1/3存入银行，哪怕是在手头拮据的时候，他也坚持这么做，宁肯去借钱也不动用银行里的存款。

那个美国人的情况就更糟了，他整天躲在狭小的地下室里，将数百万根的K线一根根地画到纸上，贴在墙上，然后对着这些K线静静地思索。有时候，他甚至能对着一张K线图发上几个小时的呆。后来，他干脆把美国证券市场有史以来的记录都搜罗在一起，在那些杂乱无章的数据中寻找规律性的东西。因为没有客户，挣不到什么钱，他几乎都是靠朋友的接济勉强维持生活。

这样的日子，两个年轻人各自延续了六年。这六年里，日本人靠自己的勤俭积攒下了5万美元的存款，美国人集中研究了美国证券市场的走势和古老数学、几何学及星相学的关系。

六年后，日本人用自己省吃俭用积累财富的经历打动了一名银行家，并从银行家那里得到了创业所需的100万美元贷款，创立了麦当劳在日本的第一家分公司，并成为麦当劳日本连锁公司的掌门人。他，就是藤田田。

此时，那个美国人怎么样了呢？他已经有了自己的经纪公司，并发现了最重要的有关证券市场发展趋势的预测方法，他把这一方法命名为"控制时间因素"。在金融投资生涯中，他赚到了5亿美元的财富，成为华尔街上靠研究理论而白手起家的传奇人物。他就是世界证券行业里最重要的"江恩理论"的创始人，威廉·江恩。现如今，世界各地金融领域的从业人员，依然将其理论作为必修课。

藤田田凭借着勤俭起家，江恩依靠研究K线理论致富，两个人身处太平洋的两岸，没有任何的交集。然而，他们的经历却有着极为相似的地方，那就是从一点一滴的努力中创造并积累了成功所需的条件。

从平凡到优秀再到卓越，并非一件多么神奇的事情。如果你明白积沙成塔，懂得积累的意义，那么你要做的很简单，就是每天进步一点点。当这些不起眼的"一点点"不断叠加、不断放大，明天和昨天就会出现天壤之别。

斗争决定成败

## 服从是执行的第一步

在生活中，没有任何东西比人的行动更重要、更珍奇了。——高尔基

我们取得的一切成就，不是天上掉下来的，不是别人恩赐的，而是通过不断斗争取得的，是在不懈的行动中获得的。行动起来去斗争，才能获得自己想要的结果。

如果把行动放置到工作中，具体的表现应该是什么样呢？

打个比方，如果领导安排你去完成一项任务，你的第一反应是什么？有的员工可能会说："没问题，一定按时完成。"然后，立刻投入到工作中；有的员工会说："是让我做吗？好吧！"随后，就把任务扔在一边，等领导问起来再去做；还有的员工会说："我以前没做过这件事，某某比我有经验，是不是让他做更好？"若是推脱不掉，再去找别的借口。

相信你也看出来了，在工作中落实行动，第一要素就是服从！在接到任务的那一刻，能够自信满满地说"一定按时完成"，这就是对工作负责的表现。少了服从的意识，一切的计划都是空谈。

巴顿将军曾经在他的战争回忆录《我所知道的战争》中谈到过这样一个细节。

"我要提拔人时，常常会把所有候选人组织到一起，给他们提一个我想要他们解决的问题。我说：'伙计们，我要在仓库后面挖一条战壕，

2.5米长，1米宽，15厘米深。'我就告诉他们那么多。我有一个带窗户的仓库。当候选人在检查工具时，我会走进仓库，通过窗户观察他们。

"我看到他们把锹和镐都放到仓库后面的地上。待休息几分钟后他们开始议论我为什么要他们挖这么浅的战壕。他们有的说15厘米深怎么能当火炮掩体；有的说这么浅的战壕肯定会太热或太冷。如果他们是军官，他们会抱怨不该让他们干挖战壕这么普通的体力劳动。最后，有个伙计对别人下命令：'让我们把战壕挖好后离开这里吧！那个老家伙想用战壕干什么都没关系。'"最后，巴顿写道，"那个伙计得到了提拔。我必须挑选那些无条件服从的人。"

无条件服从的观念，不仅适用于军队，也适用于工作中。每个员工都应当服从领导的安排，在接受一项任务后，不找借口，立刻执行。这样的做法是能体现行动力的，一个只会拖延、找借口的员工，不可能有大的作为。

1898年，美国准备对西班牙宣战。麦利金总统认为，要想赢得这场战争，关键是联合古巴起义军，尽快和卡利斯托·加西亚将军联络上。当时，加西亚将军正率领部队为独立而战，西班牙人正在全力搜捕他，没有人知道他的确切消息。

在这样的情况下，麦金莱总统召见了美国军事情报局局长阿瑟·瓦格纳上校，问他去哪儿能够找一个信使，把信送给加西亚将军。瓦格纳上校推荐了年轻的军官安德鲁·罗文。一个小时后，罗文中尉来到了瓦格纳上校跟前。

"小伙子，你的任务是把这封信送给加西亚将军，他也许在古巴西部的某个地方……你只能独立计划并完成这项任务，它是你一个人的任务。"瓦格纳上校交代完任务后，又强调了一遍："把信送给加西亚。"

听瓦格纳上校安排完任务后，罗文就立刻出发了。路程中的辛苦可想而知，寻找加西亚的过程更是艰难，但罗文最终还是出色地完成了任务，为赢得美西战争、解放古巴做出了重要的贡献，被授予杰出军人勋章。

以服从的精神投入到工作中，是每个员工应当具备的素质，也是每个员工应当遵循的行为准则。之前，一位著名的田径教练讲到，每当有新运动员入队时，他下达的第一个命令就是让这些新队员把头发剪短。其实，他也不是真的在意学员头发的长短，这样做的目的，就是看看他们是否有服从意识。就算不懂教练的意图，但不找借口地服从命令，也是教练所期望的好选手。

员工若没有服从的理念，组织再好的战略和设想都无法付诸行动，先进的管理制度和理念都无法建立和推广，再怎么精明能干的领导人也无法施展他的才能。对员工个人来说，没有服从的理念，也不可能成为优秀的员工，更无法向自己的人生目标迈进。

服从是执行的开始。只有定位好自己的服从角色，才能第一时间着手去做该做的事；只有无条件地服从安排，才能形成强有力的执行力，在遭遇难题的时候，恪尽职守，在竞争中脱颖而出、胜人一筹。

## 用重点思维突破挑战

一位时间管理专家为商学院学生讲课。他拿出一个广口瓶,并把一堆拳头大小的石块放进瓶里。当石块高出瓶口后,他问学生们:"瓶子满了吗?"

学生们回答道:"满了。"

时间管理专家便又拿出一些小石头倒进瓶中,并敲击玻璃瓶壁使砾石填满下面石块的间隙。"现在瓶子满了吗?"他第二次问道。

"可能还没有。"有些学生应道。

"很好!"专家又拿出一桶沙子,慢慢倒进玻璃瓶。沙子填满了石块和砾石的所有间隙。他又一次问学生:"瓶子满了吗?""没满!"学生们大声说。

"是的。"接着他拿过一壶水,倒进玻璃瓶直到水面与瓶口平。

时间管理专家抬头看着表情不一的学生,说:"这个例子告诉我们,如果你不是先放大石块,那你就再也不能把它放进瓶子里。"

同样的空间,放置东西的先后顺序不同,结局就大相径庭;同样的时间,工作安排的顺序不同,结果也千差万别。所以,在工作和生活中,培养重点思维很重要。它意味着你是不是能先把"大石块"放进瓶子里。在解决问题、应对挑战时,抓住矛盾的重点,采取合适的措施，才能让我们在斗争中占据上风。

培养重点思维，可以从以下两个方面着手。

### 1. 坚持"要事第一"原则

"要事第一"是指我们在平时工作中要善于发现决定工作效率的关键事，在第一时间解决排在第一位的问题。著名逻辑学家布莱克斯说："把什么放在第一位，是人们最难懂得的。"永远做最有价值的事，养成要事第一的习惯，这将成为你领先同侪的法宝。

曾经的美国第二大钢铁公司伯利恒钢铁公司成立之初，只是由联合铁厂和其他几家小公司合并组成的小钢铁厂。据说，当时公司的创始人查尔斯·施瓦布曾向效率专家艾维·利请教"如何更好地执行计划"。

艾维·利说："好！我10分钟就可以教你一套至少提高效率50%的最佳方法。"

"把你明天必须要做的最重要的工作记下来，按重要程度编上号码。最重要的排在首位，以此类推。早上一上班，马上从第一项工作做起，一直做到完成为止。然后用同样的方法对待第二项工作、第三项工作……直到你下班为止。即使你花了整天的时间才完成了第一项工作，也没关系。只要它是最重要的工作，就坚持做下去。每一天都要这样做。在你对这种方法的价值深信不疑之后，让你公司的人也这样做。"

"这套方法你愿意试多久就试多久，然后给我寄张支票，并填上你认为合适的数字。"

施瓦布认为这个思维方式很有用,不久就填了一张25000美元的支票寄给艾维·利。5年后,伯利恒钢铁公司从一个鲜为人知的小钢铁厂一跃成为大型的钢铁生产企业。人们普遍认为,艾维·利提出的方法功不可没。

多年以后,施瓦布还常对朋友说:"我和整个团队坚持只拣最重要的事情去做,我认为这是我的公司多年来的最有价值的一笔投资!"

艾维·利的方法,用一句话概况,就是先做重要的事。因为人的时间和精力是有限的,如果过分在小事上劳心费神,就会荒废了大事。长此以往,就会荒废整个人生。

"要事第一"的观念如此重要,但却常常被我们遗忘。我们必须让这个重要的观念成为一种工作习惯。每当一项新工作开始时,我们都必须首先让自己明白什么是最重要的事,什么是我们应该花最大精力去重点做的事。

然而,我们常犯的一个错误是把紧迫的事情当作最重要的事情。而实际上,紧迫只是意味着必须立即处理,但它们往往不是很重要的。比如电话铃响了,尽管你正忙得焦头烂额,也不得不放下手边的工作去接听。所以,要坚持"要事第一",就要学会分清要事的重要性。

**2. 分清要事的重要性**

重要的事情通常是与目标有密切关联的并且会对你的使命、价值观、优先的目标有帮助的事。这里有5个标准可以参照。

(1)完成这些任务可使我更接近自己的主要目标(年度目标、月目标、周目标、日目标）。

（2）完成这些任务有助于我为实现组织、部门、工作小组的整体目标做出最大贡献。

（3）我在完成这一任务的同时也可以解决其他许多问题。

（4）完成这些任务能使我获得短期或长期的最大利益。

（5）这些任务一旦完不成，会产生严重的负面作用：生气、责备、干扰等。

根据紧迫性和重要性，我们可以将每天面对的事情分为四类：重要且紧迫的事；重要不紧迫的事；紧迫但不重要的事；不紧迫也不重要的事。

只有合理高效地解决了重要而且紧迫的事情，你才有可能顺利地进行别的工作。而重要但不紧迫的事情要求我们具有更多的主动性、积极性、自觉性，早早准备，防患于未然。剩下的两类事或许有一点价值，但对目标的完成没有太大的影响。

你在平时的工作中，把大部分时间花在哪类事情上？如果你长期把大量时间花在不重要但紧迫的事情上，可以想象你每天的忙乱程度：一个又一个问题会像海浪一样冲来，而你十分被动地一一解决。长此以往，你早晚有一天会被这种生活方式击倒、压垮。

可以说，如果你长期把大量时间花在不重要但紧迫的事情上，很遗憾，你将一事无成。因为这些事情对你的主要目标来说并不重要，它们除了浪费你很多时间以外，还从另一个方面证明你是一个无法实现自我管理的人。

只有重要而紧迫的事才是需要花费大量时间去做的事。它虽然并不紧急，但决定了我们的工作业绩。80/20法则告诉我们：应该用80%的时间做能带来最高回报的事情，而用20%的时间做其他事情。取得卓越成果的员工都是这样把时间用在最具有"生产力"的地方。

所以，我们要养成做"要事"的习惯，对最具价值的工作投入充分的时间。这样，工作中重要的事不会被无限地拖延，而工作对你来说也就不会是一场无止境、永远也赢不了的赛跑，而是可以带来极大成就感和满足感的旅行。

## 团队合作是成功的保证

很多情况下，要把一件工作落实到位，光靠一个人的努力是不够的，还需要团队的配合，因为我们面对的问题、需要应对的挑战往往具有长期性、复杂性、艰巨性。即所谓的合作，它是提高工作效率最有效的手段，也是现代企业发展与员工落实工作的必要途径。

参与我国第一颗原子弹设计的科学家周光召，曾在爆炸试验成功后，得到外界的深厚赞誉。对此，他这样回应："科学的事业是集体的事业，制造原子弹，好比写一篇惊心动魄的文章。这文章，是工人、解放军战士、工程和科学技术人员不下十万人谱写出来的！我只不过是十万分之一而已。"

## 斗争决定成败

　　这些为国家做出巨大贡献的科技工作者，他们从来没有把科研当成是标榜自我能力的平台，而是将其视为一份为国为民的大事业；他们从来没有想过要通过某一项科研成果，去给自己换取怎样的荣耀，而是把成功归功于团队。

　　事实上，科学也的确不是一个人的事业，而是一群人的事业；科研成功不可能单凭一己之力创造，而是一个精干团队集思广益、携手攻克万难，最终换来的成就。再延伸开来讲，总想"逞个人英雄"的观念和行为，在任何一个领域都是行不通的。一个项目的成功、一个组织的壮大，更多的是依靠团队的力量。当个人利益与团队利益发生冲突时，一切要以大局为重，而不是逞个人英雄主义。如果无视他人的配合协作，一味地追求自我，瞧不起任何人，不仅会影响人际关系，还会导致团队士气的下降，甚至分崩离析。

　　现代社会不是单枪匹马的时代，小的成功可以靠个人，大的成功一定要靠团队。毕竟，一个人的能力再强，他的力量也是有限的，一旦把各种有效的力量聚集在一起取长补短，就能创造出奇迹，并为每个人带来更多的机会。

　　尺有所短，寸有所长。随着社会经济的发展，社会分工也越来越精细，每个人都不可能成为百科全书式的人物，必须借助他人的智慧来完成自己人生的超越，因此，合作才有利于"共赢"。

　　我们生活在一个合作的时代，合作已成为人类生存的手段。个人英雄主义的时代已经成为过去，一个人如果只知道自己工作，平常独来独往，在当今时代想要获得成功是一件很难的事。因此，要想很好地落实工作，成员间的团结合作才是最重要的。团结合作，能够使我们从别人那里学到更多对自己有用的东西，让自己得到更快的提升。在团队合作中，我们应该做到以下几点：

——善于交流

解决问题时，同伴之间肯定会存在某些差别，如知识、能力、经历等，从而在对待和处理工作时会产生不同的意见。这时就需要协调。交流是协调的开始，要把自己的想法说出来，还要倾听对方的想法，你要经常说这样一句话："你看这事怎么办？我想听听你的想法。"

——积极乐观

当遇上非常麻烦的事时要乐观面对，你要对你的同伴说："我们是最优秀的，任何困难都难不倒我们，我们会成功的。"

——创造能力

谁都知道一加一等于二，但你应该让它大于二。培养自己的创造能力，不要只安于现状，试着发掘自己的潜力。一个表现突出的人，除了能保持与人合作以外，还需要有人愿意与你合作。

——接受批评

把同事和伙伴当成你的朋友，坦然接受别人的批评。如果受到他人的批评就委屈怨恨、反目成仇，那么谁都会对你敬而远之。

——平等友善

即使你觉得自己无论在哪个方面都很优秀，对于眼前的工作，即便你觉得自己完全有能力一个人解决，也不要显得太过张狂。要知道今天能独立完成工作，不代表以后也能独自完成一切。所以还是要友善一些，平等地对待他人为好。

## 事有终始，则近道

什么是了不起的人？是勇敢无畏不惧生死，还是腰缠万贯名利双收？

对常人来说，这些情形不免有些遥远。或许，更加接地气的解释，还是南怀瑾先生所说："一个人在千军万马的战场上忘掉了生死去拼命，博得成功而成名，那还算容易。但是，在人生的途程上，零割细刮地慢慢走，有时真受不了，会有恐惧之感。在这个时候能够不恐惧、不忧愁、不烦恼，有始有终，就是了不起的人。"

工作中，我们最头疼的莫过于遇到有头无尾，或者虎头蛇尾的情况。最初信誓旦旦，说自己一定能做好，也确实表现出了一份热情，可做着做着才发现，很多问题比预想得要复杂，还有重重阻碍，自信心被打击了，激情也被磨灭了。渐渐地，就有了退缩和逃避的想法，感觉自己无力招架，干脆就扔下不管，丢给别人去处理。

其实，这不是解决问题应有的态度。经常半途而废，造成的损失不仅仅是工作任务没完成，更糟糕的是它会给人带来心理上的挫折感，养成知难而退、虎头蛇尾的习惯，这才是成功路上最大的障碍。懂得坚持，做事有始有终，才能摆脱平庸，走向成功。

## 第五章　必执行，凸显斗争效果

　　1985年，40岁的吉列在一家公司做推销员。由于职业的需要，他每天都会仪表整洁地出门，而刮胡子也就成了早晨的必修课。一天早上，吉列在刮胡子的时候，发现刀片磨得不够锋利，刮起胡子来很费劲，脸上还被划了几道口子。气愤又沮丧的吉列，眼睛盯着刮胡刀，突然萌生了创造一种新型剃须刀的想法。

　　说做就做，毫不犹豫，这是成功者的一大特质。吉列果断地辞掉了推销员的工作，开始专心研制新型的剃须刀。他在脑海里预想了新发明要具备的功能：使用方便、安全保险、刀片可随时替换。当时的吉列，在思维上尚未冲破传统习惯的束缚，新发明的基本构造，始终没有摆脱老式长把剃刀的局限，尽管一次次地改进，可结果依然不太理想。

　　换作常人，如果几年的时间都没能成功，也许会想到放弃。吉列虽然也有点沮丧，可他并未想过放弃研制。在又一次遭受失败的打击后，吉列走出家门，去郊外散心。他两只眼睛茫然地望着一片刚刚收割完的田地，一个农民正在用耙子整修田地。吉列看到农民轻松自如地挥动着耙子，突然一个灵感闪现出来：能不能仿照耙子来设计剃须刀的基本构造呢？

　　吉列回去就赶紧做实验，结果，苦苦钻研了八年，终于成功了。

　　做事情，想有一个好的结果，必须得有一个好的开始。同时，在过程中无论受到什么挫折，都要坚持下去。这种坚持，就是有始有终的态度。生活和工作总会有难题存在，而成功的关键就在于，能否保持继续前行的勇气，能否不厌其烦地去攻克难题。很多时候，成功与

## 斗争决定成败

失败之间，差的不是十万八千里，仅仅是多一点点时间而已。

很多人喜欢《阿甘正传》里的阿甘，应该都是被他那份简单纯粹、笃定坚持所打动。只要认定了一个目标，不去思考太多无用的东西，而是全力以赴地朝着目标去努力。

年少时的阿甘，怕挨打，就不停地跑，结果成了橄榄球高手；和战友有过约定，就全力以赴地去捕虾，结果成了富翁；内心喜欢一个人，就默默地等，等她回到自己身边；想跑步，就不停歇地坚持跑下去，一直跑了几年，身后有了大批的追随者。

上述的种种成就，并不是阿甘刻意去追寻的，他在做一件事的时候，本着自己的初衷，没有任何功利性的目的。阿甘始终如一地坚持，拼尽全力地去做，就在不知不觉中超越了身边的很多人。

这是一种讽刺，也是一种警醒。多数人在看不到眼前的利益、短期内未见收获时，就灰心丧气地放弃了。阿甘简单，他不会去计较，只会心无旁骛地坚持。结果，这种不放弃、有始有终的精神成就了他，也感动了千万人。

世间最容易的事是坚持，最难的事也是坚持。说它容易，是因为只要愿意，每个人都可以做到；说它难，是因为真正能够身体力行的，终究只是少数人。

斗争精神要求我们有一种咬定青山不放松的毅力，困难再大也能坚持下去，直至最后的胜利。每个人的身体里都隐藏着优秀的潜质，只要保持一种有始有终的态度，都可以在平凡中彰显出不凡。

第六章

# 养习惯，增强斗争本领

## 积微成著，小习惯有大力量

不管从事什么工作，我们可能都需要不间断地重复着同样的事情，在很长一段时间里，取得的成就都不那么显著，甚至还会遭到周围人的冷嘲热讽。这个时候，该怎么办？有人会烦躁不安，被嘈杂喧嚣的环境所干扰；有人会生气愤怒，对一成不变的状态感到厌倦；有人会怨怼丛生，感叹所有的付出都是白费。而后，开始三心二意，懒散懈怠，或是干脆放弃……凡此种种，都只说明一点：没有意识到斗争的长期性，对所做之事不够热爱，缺少一颗久久为功的恒心。

《寿司之神》里有这样一句话："一旦选定你的职业，你必须全身心投入到你的工作中去，你必须爱自己的工作，你必须毫无怨言，你必须穷尽一生磨炼技能，这就是成功的秘诀。"

穷尽一生去磨炼技能，这是怎样的一种境界！也许，我们难以保证，从年轻到老去的数十年岁月里，只从事一份工作，但只要能做到在其位谋其职，站一天岗就尽一天责，热爱自己所做的每一件事，将每件事做到最好，在日复一日中打磨自己的耐性，为了一份热爱和责任，心甘情愿去"享受"折磨，也是难能可贵的。

我们必须承认，所有的事物都会在经历最初的光鲜后变得平常，所有的工作也会在经历了最初的新鲜后归于平淡。就好比学生时代，总羡慕那些穿梭在城市里的白领，可真走进了社会，美好的理想开始落地，跟现实零距离接触，才发现真实的工作和生活并不如想象中那样美好，甚至更多的是单调琐碎。

什么时候是最考验人的？不是事业风生水起、蒸蒸日上的时候，而是默默无闻、辛苦耕耘的阶段。"宝剑锋从磨砺出，梅花香自苦寒来。"平淡是工作的常态，但它能够孕育伟大的梦想。

大家都知道洛克菲勒是石油大亨，却很少有人了解，他的第一份工作，其实是查看生产线上的石油罐盖是否被焊接好。

当时的工作程序是这样的：装满石油的桶罐通过传送带输送到旋转台上，焊接剂从上面自动滴下来，沿着盖子滴转一周，然后油罐下线入库。洛克菲勒要做的，就是保证这道工序不出什么问题。说实话，这份工作没有技术含量，简单到连一个孩子都可以胜任，枯燥到每一天每一分每一秒几乎没有任何区别。很多人都觉得，干这个活就是一种折磨。

洛克菲勒也是年轻人，他不烦吗？当然不是，偶尔他也会有负面的情绪，不同的是，他能在单调的重复中坚持，寻找并发现机会，让单调的工作变得有趣一点儿，不至于枯燥无味。

工作的时候，他细心观察自动焊接的过程。经过反复观察，他发现每个罐子旋转一周，滴落的焊接剂有39滴。问题来了，这39滴都是必要的吗？如果减少到38滴或者37滴，行不行呢？萌生了这个想法后，他就开始试验。先研制出来的是37滴型焊接机，但机器焊接出来的石油罐偶尔会出现漏油现象；之后，他又研制出了38滴型焊接机，质量和39滴焊接机焊出来的产品没有任何区别。

很快，公司就采纳了洛克菲勒的焊接方式。从表面上看，新机器节省的不过是一滴焊接剂，但实际上它每年为公司节省的开支却高达5亿美元。公司非常满意，而洛克菲勒的人生从此也发生了变化。

人的成功不是与生俱来的，更不是一蹴而就的。奇迹的诞生，都是在日复一日的工作中积累而成的。面对平淡枯燥的工作，你要能忍受寂寞，收起牢骚，拿出细心和耐心去打磨自己，从弱者变成强者，一步步地靠近成功。

世上没有精彩的工作，只有精彩的工作者。普通人要学习的就是如何把自己的工作变得精彩有趣。在此，有几个小建议与大家分享：

其一，老生常谈的问题，要找到工作的意义。枯燥、单调的重复，会让人觉得疲倦，甚至把工作视为折磨。对抗这种心理的妙招，就是找到工作的价值和对他人的意义，便会萌生出一种存在感和使命感，进而充满激情地工作。

其二，不要成为压力的俘虏。越是精巧的产品，在制作时越需要内心安宁。倘若压力缠身，终日忧虑，则无法专注地做事。所以，要懂得调整工作节奏和平衡心态，如此才能创造良好的循环。

其三，用创意去打破枯燥的窘境。创新的意义不仅在于进步，更在于乐趣。就像一个手工艺者，看似每天都在做同样的事，拿着一把剪刀剪纸，但每天剪出的花样却不同，他会在单调中主动去制造不同，用创意挥洒精彩。

## 人际管理的四个原则

团队合作成为应对挑战的不二方案。我们在享受团队合作带来的高效的同时，与人的沟通也越来越多，人际关系更加复杂，对我们的人际管理提出了更高的要求。我们想与周围的同事搞好关系，在很多细节方面都需要注意。这些细节数不胜数，大体来说，有四个原则是必须遵从的，这可谓一切行为的准则。

- 第一个原则：不要用自己的思想去衡量别人的行为

在工作和生活中，我们难免会碰到一些所谓的"奇葩"同事，他们的某些行为令人难以理解。这个时候，我们很容易用自己的想法去猜测别人的行为背后到底有什么用意。实际上，这是非常不明智的。

设计部的中层管理者S，接到了产品部中层Q递过来的一项任务。说是任务，其实只有一张图片，除此之外再无其他。S想了半天，也不明白这到底是什么意思。于是，他特意打电话问Q："什么意思？"

听到这四个字，Q愣了一下，回应道："你什么意思？"

S解释说："你发一张图片过来，有什么要求？"

Q没好气地说："你是做设计的，难道就没有一点自己的思路吗？那要你做什么？"

S瞬间怒火中烧，说话也开始变得难听起来，两个人在电话里大吵了一架。

事后，S还是怒气难消，他心里暗自想："这个人为什么要刁难我？难道是对我有意见？"他越想越不对，越想越觉得对方是个"奇葩"。自那之后，他看到Q就烦，本来应该通力合作的两个人，几乎到了水火不容的地步。

看到这里，你一定也很想知道：事情的真相，到底是怎么回事呢？

很简单，在那位产品部的中层Q的老家，"什么意思"是一句挑衅意味非常浓的话。所以，当他接起电话听到设计部中层S直接问自己"什么意思"的时候，瞬间就不高兴了，因而用词比较尖锐，最终导致了两个人发生口角。

在这件事情中，两人都犯了同一个错误，就是用自己的思想去衡量别人的行为。Q觉得"什么意思"是一句挑衅的话，但他却全然没有想过：也许在别人的文化习惯里，这句话仅仅就是字面意思。S认为，对方对自己出言不逊，一定是有更深层次的原因，但他也没有意识到，其实是自己的某句话触碰到了对方的"逆鳞"，才让一件小事演变成了两个人旷日持久的矛盾。

在与人相处时，要明白，虽然我们经常讲要尽量理解别人，但实际上我们永远不可能完全了解一个人。对方的某些想法、文化背景、过往经历，都和我们有差异，所以不能用自己的思想去猜测别人的行为。与其猜测，倒不如有什么想法直接说出来更好。

在工作中，我们一定要明确"群己权界"，意思就是：不要认为别人的想法和自己差不多，别人的处境和自己差不多，这是非常危险的想法。

比如，我们可能会听到这样的话："什么？你居然没看过这本书？那么经典你都没看过？"人家就是没有看过，或者想看还没来得及看，这又有什么关系呢？你觉得理所当然的事情，可在别人这里不一定是，你对他说这样的话，除了引起反感，没有其他作用。

- 第二个原则：不要用纯粹的理性击垮人与人的感性交往

一些人为了强调自己的"职业形象"，在工作交往中往往以一种纯粹的理性状态出现——这是你的职责，我不插手；这是我的领域，你别来染指。实际上，这种纯粹的理性，在大部分工作场合中都会显得有点"不合时宜"。

某领导发现，自己的下属办事效率很低，尤其是涉及需要合作的任务，下属之间几乎没有合作的意愿。而随着公司越做越大，需要合作的地方越来越多，效率却也日益低下。领导思前想后，最后找到了问题的根源。

造成这种问题的主要原因是,他的下属们都太"理性"了。在公司创办之初,由于业务比较简单,下属之间的合作比较少,他总是强调"各司其职""专业的人就应该做专业的事"等价值观。现在,随着业务扩大,需要合作的领域越来越多,但下属们依旧坚持以往的价值观,完全没有意识到合作的重要性。

怎么办呢?领导去请教一位朋友,问道:"我是不是应该制定一些关于合作的制度?强迫下属加强合作。"朋友说道:"没那么麻烦,你在接下来一段时间里多组织一些联谊活动,问题可能就解决了。"

听了朋友的话,这位领导时不时地组织一些跨部门的小活动,小到中午喝杯咖啡,大到晚上吃顿大餐、唱歌,甚至周末两日游。过了一段时间,领导惊讶地发现,公司里的合作氛围变得浓厚起来了。

为什么会出现这样的转变?其实,就是因为同事之间除了理性的交往之外,多了一些感性的接触。我们要明白,工作中"水至清则无鱼",大家都是有血有肉的人,不能每天以一副面孔对人,在交往中多一些生动的东西,人际关系处理起来会简单很多。

● 第三个原则:尊重自己的感受

我们时常强调,要有大局意识,讲究高瞻远瞩。这固然没有错,但有些时候,个别人会走极端,过分顾全大局,凡事总往全局想,忘了自己的内心同样也需要得到关注与尊重。

工作和生活中,偶尔是需要委曲求全的,但也一定要记得有限度。如果一个人总是以"受气包"的形象出现,只会助长"歪心思"之人的嚣张气焰，着实委屈了好人，便宜了坏人。而且，如果你在与同事的交往中太过退让，也会影响自己团队的斗志。所以，我们虽不能做"斗鸡"，时时刻刻想挑事儿，但也不能做"鸵鸟"，遇到危险就把头埋进沙子里。

- **第四个原则：具有自省意识**

在与同事的交往过程中，如果有些事情是你不能理解的，那么有可能是因为你被自己的情绪、性格所左右了。这时候，不妨站在一个旁观者的角度，去审视问题。不仅要站在旁观者的角度看对方，也要站在旁观者的角度看自己。认真地想一想：我当时究竟是出于什么想法，才说出了那句话？是一时的冲动，还是心里有一些被压抑许久的潜意识在引导我？

工作中，我们一定要有这种自省的意识，让自己"置身事外"，更好地理解局中人的心态和目的。正所谓，旁观者清。如果没有一个真正的旁观者指点迷津的话，我们不妨让自己去扮演这个旁观者。

以上，就是人际管理的四个原则。掌握了这四个原则，无论遇到什么样的人际障碍，都可以结合其中的内容去反思，找到相应的解决策略。

## 你一思考，问题就害怕

《论语》有言："学而不思则罔，思而不学则殆。""吾日三省吾身。"足见善于思考对一个人成长的重要性。《论语》更多强调的是修身问题，但很多东西都是相通的，不管是在学习、工作，还是生活中，要想于细微处发现机会并实现突破，反思精神是必不可少的。

### 1.不思考脑袋会生锈

有一天，一个老人带着孙子和驴子，从乡下到城里去。老人让孙子骑着驴子，自己走路。经过的路人看了指指点点。老人听到有人指责小孩不懂得孝顺老人家。他和孙子商量后，决定自己骑驴子，让孙子走路，以免人家说闲话。

走了不久，又有一群人对他们指指点点。这一次，他们认为老人竟然自己享福，让小孩受罪。老人和孙子左右为难，他们于是决定一起走路，不再骑驴。

但是走了不久，还是有人对他们指指点点。那些路人笑这对祖孙傻，有驴也不骑。老人和孙子觉得人家说得也对，于是决定一起骑驴。祖孙两人骑着驴子走了一段路后，发觉路过的人纷纷摇头。路人认为老人和孙子真残忍，竟然两人共骑一只弱小的驴子，让驴子负荷过重。

老人和孙子觉得路人说得也对，但是既然先前所做的都不对，不如索性扛着驴子走吧！于是祖孙两人扛着驴子走。

"头脑不用也会生锈，经常思考才会反应敏捷。"伟大的发明家爱迪生如是说。而这个故事也恰恰告诉我们应该做一个善于思考的人！

否则，人云亦云，可能连自己都迷失掉！

### 2.洗澡水与地球自转

有一句著名的格言："真理诞生于一百个问号之后。"纵观人类千百年来的科学技术发展史，很多定理、定律、学说的发现都是从一些细小、司空见惯的自然现象中产生的。但所有发现的前提是脑子里面有问号。

拿洗澡来说，洗完澡，把浴缸的塞子一拔，水哗哗地流走，这是一件非常普通的事情。然而，美国麻省理工学院机械工程系的系主任谢皮罗教授，却敏锐地注意到：每次放掉洗澡水时，水的漩涡总是向左旋的，也就是逆时针的！

这是为什么呢？谢皮罗紧紧抓住这个问号不放。他设计了一个碟形容器，里面灌满水，每当拔掉碟底的塞子，碟里的水也总是形成逆时针旋转的漩涡。这证明放洗澡水时漩涡朝左并非偶然，而是一种有规律的现象。

1962年，谢皮罗发表了论文，认为这漩涡与地球自转有关。如果地球停止自转的话，拔掉澡盆的塞子，不会产生漩涡。由于地球不停地自西向东旋转，而美国处于北半球，漩涡便朝逆时针方向旋转。

谢皮罗认为，北半球的台风都是逆时针方向旋转，其道理与洗澡水的漩涡是一样的。他断言，在南半球则恰好相反，洗澡水将按顺时针方向形成漩涡；在赤道，则不会形成漩涡！

谢皮罗的论文发表之后，引起各国科学家的莫大兴趣，纷纷在各地进行实验，结果证明谢皮罗的论断完全正确。

谢皮罗教授从洗澡水的漩涡，联想到地球的自转问题，再联想到台风的方向问题，并做出了合乎逻辑的推理，这正是他目光敏锐、善于思索的体现。

### 3.蚯蚓与大陆漂移说

提起大陆漂移说，人们首先会想到魏格纳，以及他在病床上看地图的故事。1910年的一天，年轻的德国气象学家魏格纳身体欠佳，躺在病床上。百无聊赖中，他的目光落在墙上的一幅世界地图上。魏格纳意外地发现，大西洋两岸的轮廓竟是如此相对应，特别是巴西东端的直角突出部分，与非洲西岸凹入大陆的几内亚湾非常吻合。自此往南，巴西海岸每一个突出部分，恰好对应非洲西岸同样形状的海湾；相反，巴西海岸每一个海湾，在非洲西岸就有一个突出部分与之对应。这难道是巧合？

这位年轻的气象学家脑海里突然闪过一个念头：非洲大陆与南美洲大陆是不是曾经贴合在一起？也就是说，从前它们之间没有大西洋，是由于地球自转的分力使原始大陆分裂、漂移，才形成如今的海陆分布情况的？由此魏格纳开始搜集证据，最终提出了大陆漂移说。而魏格纳在论证自己的理论时，小小的蚯蚓也帮了不少忙。

斗争决定成败

原来一位名叫密卡尔逊的生物学家，调查了蚯蚓在地球上的分布情况，他指出，美国东海岸有一种蚯蚓，而欧洲西海岸同纬度地区也有此蚯蚓，但美国西海岸却没有这种蚯蚓。密卡尔逊无法解释其中的原因。

密卡尔逊的论文，引起了魏格纳的注意。当时，魏格纳正在研究大陆和海洋的起源问题。魏格纳认为，小小的蚯蚓，活动能力很有限，无法跨越大洋，它的这种分布情况正是说明欧洲大陆与美洲大陆本来是连在一起的，后来分开了，分为两个洲。魏格纳把蚯蚓的地理分布作为例证之一，写进了他的名著《大陆和海洋的起源》一书。

洗澡水的漩涡和蚯蚓的分布，这些都是很平常的事情。然而，善于"打破砂锅问到底"的人，却从中有所发现、有所发明。同样，日常生活中很多机会、真理离你并不遥远，常常就在你的身边，就看你有没有一双敏锐的眼睛，有没有一个善于思考的大脑。

或许有的人会问：我不会思考，也不喜欢思考，怎么办呢？不妨从以下几个方面加强锻炼。

首先，要有充分的自信心。因为只有自己相信自己，别人才会对你有信心！

其次，要争取机会表达自己的想法。在日常的生活中，要注意培养自己的见解、想法，大胆地将自己的想法表达出来。

再次，要培养表达的技巧。与别人交谈时，注意眼神的交流，这会让你慢慢不那么胆怯,在别人眼里显得更有自信。另外,讲话时少用那些拖泥带水的词,例如:也许、可能、会不会、如果、听说等;多用那些有魄力的词,例如:我认为、我希望、我要求等。

最后,要敢于质疑。工作中,和同事有不同的见解,要敢于质疑。敢于质疑,说明你的思考已经达到了一个新的高度!

## 做时间的掌控者

鲁迅说:"生命是以时间为单位的,浪费别人的时间等于谋财害命,浪费自己的时间等于慢性自杀。"在所有的资源中,唯有时间是不可保存、不可转换,也不能停止的。时间永远是短缺的,它没有弹性,也找不到替代品。做时间的掌舵者,就是要合理地规划自己的时间,提高工作效率,避免陷入"事务主义"。

分辨事情的重要性、紧急性是合理规划时间的第一步,也是一个令人困惑的问题。著名管理学家科维提出了时间管理的四象限法则,把工作按照重要和紧急两个不同的程度进行了划分,基本上可以分为四个"象限":既紧急又重要、重要但不紧急、紧急但不重要、既不紧急也不重要。

**第一象限**

这个象限包含的是一些紧急而重要的事情,这一类事情具有时间的紧迫性和影响的重要性,无法回避也不能拖延,必须优先处理解决。

它表现为重大项目的谈判，重要的会议工作等。

**第二象限**

第二象限不同于第一象限，这一象限的事件不具有时间上的紧迫性，但是，它具有重大的影响，对于个人或者企业的存在和发展以及周围环境的建立维护，都具有重大的意义。

制订计划的目的是把那些重要而不紧急的事情，按部就班地高效完成。因此要学会怎样制订计划，怎样做准备。计划、准备、学习、培训等都是重要的预防或者重要的储备工作。

**第三象限**

第三象限包含的事件是那些紧急但不重要的事情，这些事情很紧急但并不重要，因此这一象限的事件具有很大的欺骗性。很多人认识上有误区，认为紧急的事情都显得重要，实际上，像无谓的电话、打麻将三缺一等都并不重要。这些不重要的事件往往因为它紧急，会占据人们很多宝贵的时间。

**第四象限**

第四象限的事件大多是些琐碎的杂事，既没有时间的紧迫性，也没有什么重要性，诸如发呆、上网、闲聊、游逛……简而言之就是浪费生命。但我们往往在前三个象限疲于奔命，不得不到第四象限去"疗养"。这部分范围固然也有一些活动对身心的成长是有价值的，但像熬夜阅读令人上瘾的无聊小说、追看毫无内容的电视剧、沉迷游戏等，这样的休息不但不是为了走更长的路，反而是对身心的毁损，刚开始时也许有滋有味，最后你就会发现其实是很空虚的。

人生太短，来不及做的事情很多，选择你寻找的，坚持你信仰的，人生只需要做一件成功的事情就很不错了。如何选择和合理安排你的时间便是一个必须考虑的问题。

（1）从日常生活做起，从小事做起

我们总说细节决定成败，如果在生活里不能合理安排自己的时间，又如何安排以后的生活呢？

（2）列一张时间表

一项一项地写出自己要做的事情，并为自己设定时间表，在规定的时间内完成自己规划好的事情。

（3）不拖延，不找借口，按时完成任务

当我们要做一件事时，不要拖拖拉拉，给自己找一万个不想做的借口，而是要全身心地投入要做的事情，只有这样才能在日积月累中成功。如果总是在找借口，最后只能被借口吞没。

（4）写个备忘，做个计划

人总是有惰性的，所以我们可以写一些备忘贴放在经常看见的地方，时刻提醒自己该做什么。对事情有一个合理的安排，这就意味着我们能够分清事情的轻重缓急，重要的事情先去做，从而管理好我们的时间，做时间的主人。

（5）注意休息，准时饮食

合理安排时间并不是一直处于忙碌的工作状态，我们更要安排好饮食的时间，不要第一天10点吃早餐，第二天7点吃早餐，第三天干脆不吃了。充足的睡眠也是必要的，要保证好休息时间，才有精力做好事情。

（6）适当娱乐，放松心情

周末的时候可以适当放松一下心情，出去郊游或者逛街都是不错的选择。要做到松弛有道，合理安排时间。

（7）借助时间管理软件

可以下载一款比较适合自己的时间管理APP，帮助自己规划好时间。有些APP可以帮你将工作生活的时间进行细分，记录你一天中所有的时间消耗，比如跟别人打电话10分钟，完成工作报告30分钟等。看似琐碎的记录其实就是你生命的流逝，我们有责任知道自己的时间究竟去哪儿了。

特别要指出的是，在列时间表时，我们既要考虑各项工作的轻重缓急，也要考虑自身在不同时间段效率的高低，用工作最高效的时间——黄金时间，处理着急且重要的事情，达到时间利用的最优化。

新东方创始人俞敏洪说："每个人拥有的时间都是一样的，都是24小时一天。在同样的时间内，有的人能够做很多事情，取得很多成就，有的人却一无所获，其中最重要的一个原因是时间管理问题。专注于做最重要的事情和充分利用时间，是一个人成功的关键。"

黄金时间是精神与生理恰到好处地结合的时间，它在任何人的生命里都是平等的，不是你有我没有，我有他没有。找到属于自己的黄金时间，合理利用自己的黄金时间，那么工作效率自然也就提高了。

掌握了以上这些基本技能，剩下的就只有坚持了。一开始你可能会觉得不适应，但是时间久了，这些都会成为你生活的一部分。相信你一定能体会到坚持带给你的变化，进而成为时间的掌舵者。

## 斗争本领都是学来的

经常不断地学习，你就什么都知道。你知道得越多，你就越有力量。——高尔基

很多人知道学习的重要性，也知道自身的能力存在欠缺，但总是以"忙"为理由，忽略学习的计划和行动。说到底，还是没有从根本上意识到工作中潜在的各种危机，也是缺乏积极进取的精神。

高尔基说："知识犹如人体血液一样宝贵，人缺少了血液，身体就要衰弱，人缺少了知识，头脑就会枯竭。"在激烈竞争的工作中，每个人都必须养成学习的习惯，不断升级自己的认知。学历只能代表过去，学习力才能决定未来。

法国的埃德加·富尔在《学会生存》中写道："未来的文盲，不再是不识字的人，而是没有学会怎样学习的人。一个人从出生下来就开始学习说话，学习走路，学习做事，学习一切生存的本领。当人学会了走路和说话，学会了做事，这只是具备了基本的自理能力，低级的

斗争决定成败

动物也具有这种基本的自理能力。作为高级灵性动物的人类，要学会更高的生存本领，学会超越他人的本领，学习达成卓越人生的本领，这些本领从何而来？就是有超越他人的学习力。"

中国一汽大众有限公司的高级技工王洪军，身材不高，其貌不扬，多年以来，一直坚守在焊装车间的一线。他看上去跟车间里的普通工人没什么两样，但在平凡的岗位上，他却创造出了一番令人瞩目的成绩。

1990年，王洪军从一汽技工学校毕业后，进入一汽大众焊装车间做钣金整修工。钣金整修工作的技术含量非常高，最初，公司的这项工作主要是由一位德国专家负责，中方的员工只负责打下手，递递工具，干点小活。王洪军刚开始做的就是这些事，但他做得很认真，一边打下手，一边练手，他心想："合资"是"合"，不能"靠"，做合资产品还得练好"中国功夫"。

有一次，德国专家下班了，他壮着胆，用自己掌握的理论尝试着去修理一辆已经被专家判定为修复不了的"白车身"。结果，干到第二天半夜也没弄好。德国专家发现后，很不高兴，车间里也有人议论，说他逞能。王洪军觉得有点委屈，好在车间主任给了他鼓励，说："别灰心，没修好是功夫不到。'中国功夫'是练出来的，功到自然成。"

从那时开始，王洪军就像着了魔似的，上班偷着练，下班也鼓捣。工作之余，他经常跑到图书馆翻阅相关资料，或是到专业书店购买工具书，自学热处理、机械制图、金属工艺等，对照着课本反复操练。通过几个月的学习和实践，王洪军终于修好了一台车。车间主任看了后，很高兴，并找到德国专家鉴定。专家把王洪军修的"白车身"切割成一条一条，分段进行检测，还专门到质保部，用仪器全面检测，发现钢板厚度、结构尺寸等完全符合标准。德国专家很佩服，连连说好。

自那以后，王洪军对工作的钻研更加深入了。他明白，做钣金修整，工具是关键，但之前用的工具都是德国进口的，价格高，订货周期长，品种也不齐全，有些缺陷根本无法修复。于是，他开始琢磨自己制造工具。面对周围人的半信半疑，王洪军坚定地表示："不做就永远不行，做了总有一天能行。"

靠着这份专注和坚定，王洪军先后制作了Z形钩、打板、多功能拔坑器等整修工具40多种，共计2000多件，几乎满足了各种车型、各类缺陷的修复要求。在发明制作工具的同时，王洪军还总结出了快速有效的钣金整修方法，创造出了47项123种实用又简捷的轿车车身钣金整修方法，并且被命名为"王洪军轿车快速表面修复法"。

各大汽车企业做钣金整修的车间工人不计其数，可能做到像王洪军一样精而专的，却寥寥无几。归结原因，技术是其次，重要的是学习意识和学习力。任何领域、任何工作，都会有难以攻克的"难题"和有待改进的地方，有的人不关注，认为做好自己的事情就可以；有的人留意到了，愿意去学习、去思考、去解决，于是就有了平庸和不凡。

当今社会，学习力就是竞争力，不学习能力就会退化，就会被人取代。唯有把学习变成一种主动的习惯，才能不断地提升本领，在工作中获得竞争优势。

## 主动屏蔽外界的干扰

再大的学问，也不如聚精会神来得有用。——亚当斯

一家商店招聘员工，在店铺门口贴了一张特殊的广告："招聘一个能自我克制的男士，每个月2万元，条件优秀者可提高到3万元。"一时间，附近的人们开始讨论"自我克制"是什么意思呢？还从未看到过这样的招聘条件。

不少求职者带着好奇心来商店面试，而他们都要经过一个特殊的考试。

"会阅读吗？年轻人。"

"没问题，先生。"

"你能读一读这段话吗？"商人把一张报纸放在求职者面前。

"可以的，先生。"

"你能一刻不停顿地朗读吗？"

"没问题。"

"好，跟我来。"

商人把应聘者带到自己的私人办公室，关上了门。他将报纸递到

求职者手中，上面印着刚刚的那一段文字。阅读一开始，商人就放出了几只可爱的小狗，小狗围在求职者的脚边。年轻人没有经受住诱惑，不禁把目光移到小狗身上。由于视线离开了报纸，他忘记了自己刚才答应过商人的话，要一刻不停顿地朗读，结果就出了差错。显然，他失去了工作的机会。

这样的求职者，商人一共经历了70位。最终，只有一位小伙子不受诱惑，一口气把那段话读完了，商人非常满意。在面试过后，他们之间进行了这样一段对话。

商人问："你在阅读的时候，没有注意到脚边的小狗吗？"

小伙子说："是的，先生。"

"我想，你应该知道它们的存在，对吗？"

"是的，先生。"

"那你为什么不肯看它们一眼呢？"

"我答应过您，要不停顿地读完这段话，我不会轻易转移目标，放弃阅读的。"

"你总是这样信守承诺么？"

"是，我会尽最大努力去做，先生。"

商人兴奋地说："你正是我要找的人！明天早上七点钟，你就过来上班吧！你的工资是每月3万元。我相信，你会是一个有前途的人。"

一家知名的网站，曾经对8000名职场人做过一项调查，结果显示：

有近70%的人在工作中会不停地放下手里的事，自行分散注意力；有30%的人表示，一旦注意力被打断，就要花很长的时间才能重新集中。

研究表明，我们每小时要被各种大大小小的干扰因素打断11次，这些干扰占据了我们工作时间中的一个半小时。为此，我们付出的代价是什么呢？每个员工每年少创造数万元的价值，除了金钱上的损失以外，还会因为压力增加而搭上健康。

工作的任务是固定的，耽误的工作时间，总要用娱乐和休息的时间来弥补，结果就导致睡眠不足、压力骤增。上班时间分心走神，一个看似不起眼甚至容易被忽略的习惯，可能就是平庸与优秀的分水岭。

不重视工作时间与效率，不能专注地做事，养成闲散怠慢的陋习，会错失很多被重用的机会。那些在工作中脱颖而出的人，都是带着使命感去工作的，他们工作起来不会做任何无关的事，通常都是提前进入工作状态。

那么，如何才能够摒弃干扰，在工作中保持专注的状态呢？

### 1.把精力放在一件事上

贪多嚼不烂，话糙理不糙。我们总是恨不得一下子完成所有的工作，通常到最后，哪个都做不好。很多人不是输在能力不足上，而是把能力分散到太多的地方，要杜绝这种情况的发生，就要给自己制定一个行动计划：在某一个时间段专攻一件事，这样会更有效率。

### 2.制定一个清晰的目标

上面提到，在一段时间内专攻一件事，此时你要明确：这一段时间，你需要完成多少任务？有没有一个时限？要达到什么样的程度？有目标的话，会更有动力，也会在逐渐靠近目标时，增加成就感。

### 3.确保专注时间无干扰

无论用什么样的方法，确保自己在专注的工作时间内不受干扰，让周围人避开这段时间联系你。如若无法保证能在现有的工作环境中不被打扰，那可换一个地方来完成这个时间段的任务。如非必要，断开网络、关闭社交软件，是一个很好的选择。没有干扰，才能减少分心，更容易钻进工作中。

任何的成功都离不开强大的自制力。把有限的时间、精力和资源都聚焦到工作上，聚精会神、心无旁骛，排除一切杂念和杂事的干扰，仅这一个习惯的改变，有时就足以改变一生。

## 抗压才能抗事

2018年5月14日，四川航空由重庆飞往拉萨的3U8633航班，在四川空域内飞行途中，驾驶舱右侧玻璃突然破裂，驾驶舱瞬间失压，气温骤然降到零下40摄氏度。没错，这是一次猝不及防的意外，在32000米的高空中，机组副驾驶的半个身子已经被"吸"了出去，幸好机组人员都严格按照飞行要求做好了安全防护，才使得副驾驶虽被吸出窗外却没有被强大的气流拽出机舱。然而，驾驶室的仪表设备已经被大风掀翻，噪音极大，多数无线设备已经失灵，只能依靠目视水平仪来操作飞机。

强风灌入、副手昏迷、低温刺骨、数十个操作按钮失灵、警报蜂鸣不停地鸣咽……不曾经历的人，难以想象当时的情境是多么紧急和危险，没办法确定航向和迫降的位置，对飞行员来说是极大的考验。此时此刻，作为机长的刘传建意识到情况不妙，立刻便向地面发出了"7700"紧急求助信号。

为了避免机组成员受到进一步的伤害，刘传建要先减速再迫降。在迫降的过程中，他的听觉完全是失灵的，他用冻肿了的手，完成了"航空领域外科手术一般的动作"。整个过程表现出了惊人的冷静，没有漏一步，也没有错一步。

刘传建真的做到了！历经一连串的飞行高度下降、盘旋放油、紧急备降，终于成功化解了险情，保住了全机人员的生命。他无愧于"机长"的称谓，而这一次的危机处理，也被媒体赞誉为"史诗级的降落"。

危机往往突如其来，挑战常常不招而来，各种突发状况在我们的工作和生活中频频出现，没有强大的心脏，没有相当的抗压能力，我们就不能胜任自己的工作，不能照顾好自己的生活。

为什么现代企业一再把抗压能力视为面试中的重点？某银行的一位负责人坦言："员工能否扛得住压力，直接决定着他能否胜任高强度的工作，以及在遇到糟糕的情况时能否以良好的心态去处理。"

现实就是这样，你比别人多付出2%的认真、热忱、自信、积极，能多接受2%的压力,当别人崩溃、放弃、认输的时候,你挺住了,你就可能迈上一个新的台阶,展示你的独特魅力。千万不要盲目地夸大压力,这不过是自己吓唬自己,甚至是打击自己罢了。

很多时候,我们认为压力是外部环境施加的,一旦碰到不顺心的事,就会怨怼周围的人和事,把所有的负面情绪都转移到外部环境上。事实上,我们所感受到的压力恰恰来自己,是思想对压力的认知和相应的反应。换言之,你所经历或将要经历的每一件事都可能对你产生压力,因为你已经把它看作压力或认为它具有压力;如果你不认为它具有压力,那么任何事都不会对你产生压力。所以说,抗压能力不只是单纯地承受压力,更重要的是化解压力。

那么,如何来缓解或消除工作压力?

### 1.保持积极的心态

良好的心态是对压力进行自我调适的最好环境。你必须承认,一个人无法完全掌控和改变工作中的所有事情,有些事你可以做得很出色,但有些事遇到了意外情况,也难免不尽如人意。况且,工作中还有很多问题是无法避免或是在短期内无法排除的,如竞争激烈、经济危机、公司兼并等。面对这些问题,必须有一个积极的心态,一旦发生了不要怨天尤人,乐观地接受和面对,未必不会得到好的结果。塞翁失马焉知非福?

### 2.培养对工作的兴趣

人只有做自己喜欢的、感兴趣的事,才愿意投入更多的时间和精力，这种愉悦的感受往往会冲淡辛苦和压力。

### 3.摸索有效的工作方式

很多时候，不熟悉工作流程，处处受阻、效率低下，往往会打击人的积极性。所以，在做事时要多动脑，找寻最有效的、最适合自己的工作方式，提高自己的业务能力。工作有了业绩，得到了周围人的认可，也能提升自信心和抗压能力。

### 4.改善工作条件和环境

如果工作压力是由于工作环境不利、工作任务繁重导致的，一定要跟领导反馈，要求重新调整工作任务，切不可勉强自己，因为这样一来会严重影响身心健康，二来也难以做出成绩。勉强的结果，往往不能改变现状，反而会让情况越来越糟。

如果工作压力是由于自身能力不足，或者不适合自己独立完成，也可以跟领导沟通，安排他人协助完成或是另作调整。强迫自己做不能做、不适合做的事，痛苦的是自己，耽误的是事业。

当你面对工作压力，能够做到举重若轻、收放自如时，那么每一个困难、每一个压力都会成为你成功的阶梯。

## 应对挫折有方法

工作上遇到了瓶颈无法突破时，你是否想过：也许我注定不是这块料，还是放弃吧？

做错了事被领导狠狠批评时，你是否想过：我很委屈，还没有人这样数落过我？

遇到麻烦同事却不肯帮忙时，你是否想过：什么人都靠不住，世态炎凉？

承担重任背负着巨大压力时，你是否想过：太辛苦，太煎熬，不想做了？

这些情景不是假设，在现实的工作中，每一幕都在频频上演；这些心声，也不是假设，在拥挤的人潮中，许多人都有过类似的呐喊。可人生就是这样，没有一路平坦的人生，更没有一路鲜花的职场。谁都会遇到或大或小、或多或少的挫折，关键看你如何去应对、去转化，看你有没有足够的勇气和能力支撑着自己扛过去。

人不经磨炼不成才，事不历坎坷难成功。生命就好似洪水奔流，若是一马平川，水势必然平缓；但也只有遇到岛屿和暗礁，才能激起美丽的浪花。这，其实也是自身价值的一种体现。每个在生活和事业上有所作为的人，都是从布满荆棘的那条路上走过来的。

"经营之神"王永庆曾经说："对我而言，挫折等于是提醒我某些地方疏忽犯错了，必须进行理性分析，并作为下次处事的参考与借鉴。这样便能以正确的态度面对人生所不能忍的挫折，并从中获益，挫折的杀伤力就等于锐减了一半。"

遭遇挫折不可怕，重要的是正视挫折，学会自我调节。当你在工作中遭遇不顺，积极性受挫时，不妨试着这样做——

### 1. 向亲近的人倾诉

心里感到郁闷痛苦时,不要刻意压制,跟身边亲近的人聊聊天,把情绪宣泄出来。当你在向别人倾诉的时候,你的痛苦也会随着语言的倾诉扩散出去,心情也会变得轻松。

需要注意的是,这种倾诉不同于抱怨,你要就事情本身说出自己的感受,而不要去指责环境和他人。当情绪恢复平静后,还要想办法去解决问题。如果你一直抱怨外部环境和他人,寄希望于外因的改变,通常是不现实的,也更容易加剧负面的情绪。

### 2. 加强自我排练

如果你感觉手上的工作很棘手,不知该从哪儿下手的话,那不妨给自己找一项更艰巨的任务来做。这样的话,你在心理上就会感觉,原来的工作其实并不难,等再度开工的时候,也会充满信心。

### 3. 学会自我安慰

当你感觉痛苦时,想想别人也曾跟你一样,甚至比你经受的磨难更多,这样虽然无法从实际上减少麻烦,可至少你能得到莫大的安慰。当你跟那些受挫更大、失败更多、环境更糟的人比较,你就会发现自己面临的困难算不得什么,心里的不平衡感和失落感也会逐渐减少,慢慢恢复平静。

有竞争就会有失败,有失败就会有挫折,失败和挫折是每个人一生的必修课。道理易懂,实践很难。当你真正遇到磨难的时候,能够做到从容地面对,有战胜它的勇气和决心,那你终将会突出重围,一步步走向事业的顶峰。

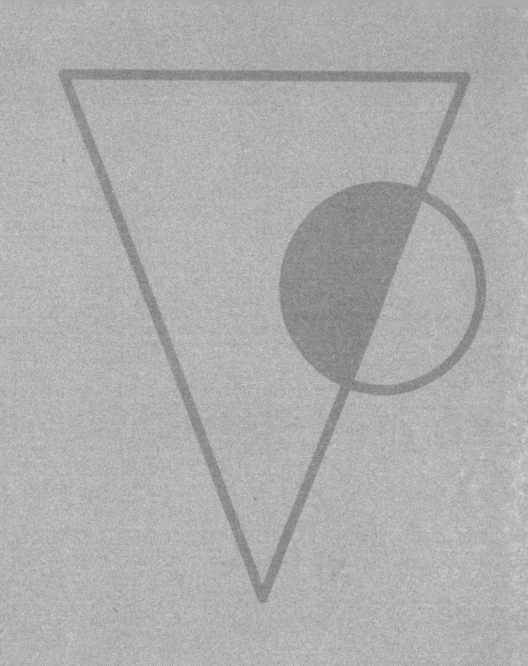

第七章
# 敢创新，勇破斗争难题

## "不可能"就是用来挑战的

志之难也，不在胜人，在自胜。——韩非子

用豪情以及毅力来实现最初的梦想，用行动以及挑战来提升人生的价值。

每个人身上都有无限的潜能，但这种潜能在平常状态下很难发挥出来，需要一定的条件才能够爆发。这个条件，就是敢于挑战自我，用最严苛的标准要求自己，相信自己可以抵达理想中的目标。敢于冒险是一种勇气，勇者永远值得敬畏。作为军人，勇敢是必备的素质，如果一个军人丧失了勇气，他就不可能在战场上取得胜利。

翻开中国试飞员的群英谱，有一个人总在"冒险"，并与诸多辉煌的时刻紧密相连——

国产歼-10战机主力试飞员，创造了该机最大飞行表速、最大动升

## 斗争决定成败

限、最大过载值、最大迎角、最大瞬时盘旋角速度、最小飞行速度等六项惊人的记录；中国试飞员中第一个掌握国产三角翼战机和某重型战斗机失速尾旋试飞技术的人，填补了我国试飞领域的空白。

5年的时间里试飞国产新型战机高难科目61个，其中一类风险科目高达57个；中国试飞员中第一个驾驭苏-27战机的人，飞出了高难特技动作"眼镜蛇机动"，是迄今为止完成该动作最多的中国试飞员。

成功处置15次空中险情、5次空中重大险情，先后荣立一等功1次，二等功5次，三等功6次；获得国家科学进步特等奖、二等奖各1次，国家航空工业部门先后给他记一等功4次，二等功5次，三等功6次。

他，就是空军指挥学院原训练部副部长李中华。

正是敢于向"不可能"挑战，才让李中华练就飞天神技。斗争本领不是与生俱来的，只有在复杂严峻的斗争中经风雨、见世面、壮筋骨，才能真正锻造成为烈火真金。在斗争路上，最不应该缺少的就是挑战"不可能"的勇气，知难而进、敢于斗争、攻坚克难，振奋干事创业的精气神，方能在危机中育先机、于变局中开新局。

人们通常会有一个普遍的弱点，就是用"不可能"作为回避困难的理由。事实上，根本没有什么不可能的事情，所有的"不可能"都只是欺骗自己的借口。只要肯充分发挥自己的潜力，敢做别人认为不能做、不可能做的事，就已经成功了60%。那些看似"不可能"完成的工作，很多只是被人为地"夸大"了。当你静下心去分析它、梳理它，将其"普通化"之后，往往都能找到合适的解决方案。

话虽如此，依然有员工说："这些成功人士的故事，确实挺激励人心的。可事后想想，我就是一个普通人，没有人家那样的能力啊！"言外之意就是，世界上所有伟大的成就，都是由"伟人"创造的，是普通人难以企及的。

事实上，所有的人间奇迹，都是如你我一般的普通人创造的。人与人的能力差别是极其微小的，真正的差别在于思维和信念。在某些重要事件的转折点，成功的人可能就比他人多了"几分钟"的勇敢和执着。当大家都说"这件事根本不可能完成"时，别人都绕路走开了，敢于斗争者却一往无前，坚持去做了。结果，他成功了。

很多员工对高难度的任务，总是避之唯恐不及。从短期来看，避开重任可以暂时地获得"安全感"，不出任何错误，保住自己的工作；但从长远来看，这种行为却有极大的弊端。我们不妨用"跳蚤跳高"的实验来做个解释：

统计表明，一般跳蚤跳的高度可达它身体的几百倍，但如果把它放进玻璃瓶中，盖上盖子，让它在弹跳时不断地撞在玻璃盖上，它就会自动调节自己所跳的高度。不用多久，你就会发现，跳蚤再也不会撞击到盖子了，而是在盖子的下方来回地跳动。一段时间后，将玻璃盖子拿走，跳蚤不知道盖子已经去掉了，依然还在原来的高度跳跃。你会惊奇地发现，从此以后，这只跳蚤也只能在这个高度跳跃，无法跳出玻璃瓶了。

仔细想想：是跳蚤不具备跳出玻璃瓶的能力吗？显然不是。原因在于，它在经过多次碰撞后，心里已经认定了一个事实：这个瓶子的高度是自己无法逾越的，努力也是徒劳的。

工作的道理与之如出一辙。研究表明，新员工在第一年中承担的工作越富有挑战性，工作就越有效率、越有成绩，到了五六年以后仍是如此。如果总试图逃避艰难的工作，或是被一两次的失败吓倒，就会逐渐丧失挑战的勇气，认为自己再怎么做都不可能成功了，而甘愿过起平庸和失败者的生活。

想要实现从优秀到卓越的跨越，首先就得突破心理的瓶颈。

1.正视"不可能"的任务

艰巨的工作不是洪水猛兽，而是成长的契机。在处理问题的过程中，你可能要承受比别人更多的压力，做出比别人更大的奉献，经受比别人更严酷的考验，甚至会感到痛苦不堪。可你要知道，任何蜕变都是痛苦的，但它会使你的能力和经验迅速得到提升，让你的心态变得更加成熟。当人们身陷困境的关口，往往最能激发自己的潜能，迸发出全身的干劲，甚至做出连自己都吃惊的成就来，也使得自己的信心大大增强。

2.用成功的愿景去激励自己

接到一项高难度的任务时，不要总去想失败的后果，要去设想成功的喜悦。当你完成了这件棘手的事情后，你的能力、你的才华会被最大限度地挖掘出来。在积极心态的作用下，即便遇到了困难和阻碍，你也能冷静地去思考、去解决，无论成败，这种迎难而上的斗争精神都会被认同和钦佩。

### 3.过滤他人消极的言行

成功的路上，永远少不了否定的声音。如果有人告诉你，那是不可能做到的，那是领导的故意刁难，请过滤掉这些消极的言行。别人嘴里的"不可能"，也许就是你脱颖而出的机会。松下幸之助说："工作就是不断发现问题，最终解决问题的一个过程。晋升之门将永远为那些随时随地解决问题的人敞开着。"

世上没有不劳而获的事业，没有谁可以不经受磨难就能轻而易举地获得成功。做什么事情都会有阻碍和困难，但人的潜力是无穷的，许多看似无路的地方，只要肯寻找，总能够柳暗花明。

怀着积极的心态去挑战生命中的"不可能"吧！

## 做事要有"钻"的耐性

人在生活中遇到不幸，没有什么比一门技艺会给人更好的安慰，因为当他一心钻研那门技艺时，船已不知不觉越过了重重危难。——米南德

2017年的时候，有一张"书桌"在网络上走红。

那个书桌有什么特别之处呢？不是什么值钱的木材所制，也没有花哨的设计，有的只是一道道划痕，甚至有一整片已经露出了黄黄的木色。这样的一张桌子被人称作是最"美"的书桌，因为它的主人，是中国测绘科学研究院名誉院长、中国工程院首批院士刘先林。

## 斗争决定成败

刘先林是谁？网络上还有一张走红的照片，就是在高铁二等座上，赤脚穿布鞋，身着普通的白色短袖衬衫，拿着一张展开图工作的白发老人，那就是刘先林院士的照片。

一位78岁的古稀老人，为何还在奔波的旅途中工作？

他拥有院士的头衔和荣誉，为何衣着如此简朴？

他投入了毕生精力去坚持的科学，研究的到底是什么？

刘先林，1939年4月19日出生，河北无极县人。1962年，他从武汉测绘学院毕业；1987年，成为国家测绘局测绘科学研究所教授级工程师；1994年当选为中国工程院首批院士。在从事测绘仪器研发的60年里，他用精益求精的工匠精神，把"量尺"做到了极致，把中国测绘仪器的水平推进到国际领先地位。

他曾经用很少的科研经费，取得了一系列重大科研成果，填补了多项国内空白，为国家节省资金2亿多元，创汇1000多万元。他说："测绘工作最直观的体现就是大家手机里使用的地图，而他的工作就是把地球搬回家。"

1963年，刘先林提出的解析辐射三角测量方法，是中国人发明的首次写入规范的方法。他获得的奖项有很多，研制成功的数控测图仪获国家测绘总局一等奖；正射投影仪及与之配套的程序，获1985年国家科技进步奖三等奖；解析测图仪成为全国各省市生产大比例尺地图的主流仪器，获1992年国家科技进步奖一等奖……这些科研成果都产生了巨大的经济和社会效益，为我国的航测事业做出了突出的贡献。

在此之前，测绘仪器市场都属于半垄断的性质，国内没有相关的品牌，国际品牌似乎也达成了某种共识，相关设备的价格一直很高，而国内相关部门又需要用，只能高价买入。刘先林的脾气很好，可他无法容忍"国外落后的测绘技术高价卖到中国"，发誓要打破中国先进测绘仪器全部依赖进口的历史。

刘先林做到了，他率领团队研发出的SSW车载激光建模测量系统，在世界上都处于绝对领先地位，其后期处理的绝对精度可达5厘米，1千米数据的处理时间只需要5分钟，可以提取多达50种城市地物要素分类，而国外同类产品即便只提取一种地物要素，也需要半个小时。

刘先林带给中国测绘领域引领性的突破与颠覆，两次荣获国家科技进步一等奖，即使逐渐老迈，也依然在不断创新。他这样形容科研工作："搞科研，苦，实现成果转化，更苦更难。但是把技术应用起来，才是科研成果，不能置于一边、锁在抽屉里。""科研工作就是需要斗争精神，更需要不断创新，成果就是需要经过多年的研究实践，这样才能经得起考验，实际发挥作用。"

任何一份工作、一项专长，想要出类拔萃，都少不了一样东西：钻研。

我们为何要重视具有钻研品质的"钉钉子精神"？它意味着什么呢？或许，就像雷锋在日记中所言："一块好好的木板，上面一个眼也没有，但钉子为什么能钉进去呢？这就是靠压力硬挤进去的，硬钻进去的。"

斗争决定成败

在工作的领域，想成为一个卓尔不群者，就得有"钻"的精神！这个钻，需要摒弃急功近利之心，摒弃权与利的诱惑，在选定的那块"木板"上，找一个更细致的目标，稳扎稳打地凿下去，要用心、用力，有持久的耐性，方能达成所愿。

无论哪一个行业，最稀缺的永远都是有"钻劲"的人。因为，有钻劲，才会专注；有钻劲，才有勤奋；有钻劲，才会进步；有钻劲，才会创新。当一个人具备了像钉子一样的钻劲，你把他放在哪儿，都会发光发亮。

## 要经验但不要被束缚

唯一办事聪明的是裁缝。他每次总要把我的尺寸重新量一番，而其他的人，老抱着旧尺码不放。——萧伯纳

在非洲的撒哈拉沙漠，骆驼是最重要的交通工具，人们需要用它驮水、驮粮、驮货。在长途跋涉中，一头骆驼比十个壮年人驮的重量还要重，所以家家户户都会饲养骆驼。骆驼虽好，但驯服起来很难，一旦它狂躁起来，十几个人也拉不住。

为了驯服骆驼，在它们刚出生不久，养骆驼的人就要在地上栽下一根用红线缠裹的鲜艳木桩，用来拴骆驼。骆驼自然不愿意被小木桩拴着，它拼命地拽绳子，想把木桩拔出来。但木桩埋得很深，且被绑

上了沉重的石头，就算是十几头骆驼一起用力，也很难把木桩拔出来。折腾了几天后，骆驼筋疲力尽了，开始不再挣扎。

这时，主人把木桩上缠裹的红线拆下来，坐在木桩上，用手悠闲地拉住拴骆驼的绳子，不停地抖动。不甘受人摆布的骆驼又开始狂躁起来，它觉得自己比人要强大得多，又开始拼命地挣扎，把四只蹄子都折腾出血来，可紧拉缰绳的人却依然纹丝不动。骆驼渐渐地臣服了，不再折腾。

之后，牵骆驼缰绳的人，换成了一个小孩子。骆驼再次发起野性，结果还是摆脱不了束缚。此时此刻，骆驼彻底被驯服了。从这天起，只要主人拿着一根拴骆驼的小木棍，随便往地上一插，骆驼就围着那个小棍转来转去，再不敢和木棍抗衡。随着身体一天天长大，它已经习惯了被小棍牵着的生活，再不想挣脱。

被驯养的骆驼自然听话，但也经常会发生悲剧。有时，当沙暴突然降临，骆驼队的人为了防止自己的骆驼迷失，就会迅速在地上插一根木棍，把一头或几头骆驼全都拴在小棍上。当骆驼的主人被巨大的沙暴远远裹走后，骆驼们就死死地待在小棍周围，若是主人始终回不来，没人拔掉木棍，它们就会一直待在原地，最终被活活地饿死。

与其说骆驼是被饿死的，倒不如说它们是死于经验和习惯。不可否认，经验对我们有一定的帮助，在工作上能提供诸多的便利。可是，如果死守着经验，总是按照习惯去做事，不懂得变通和创新，就可能被经验束缚，影响潜能的发挥。

## 斗争决定成败

GE公司的一位销售主管,在担任此职务六年中,使分公司的销量大幅度上升。在一次大型的销售行业交流会上,不少人都想听听他的成功秘诀。然而,他的回答却让人大跌眼镜:"唯一的原因,恐怕就是我坚持雇佣没有经验的推销员。"

这听起来有点不可思议,众人都等着他做进一步的解释。

看到大家不解的样子,他接着说:"大家别误会我的意思,我不是贬低有经验的推销员,可就我们公司所销售的设备来说,一个有几年销售经验的人,未必比一个刚刚接受过培训的年轻人做得更好。更多的时候,一些有经验的销售老手,不太会改善他的推销能力,反倒会养成一大堆的陋习。个人愚见,有些分公司销售量持续降低的原因,极有可能是他们雇佣的推销员在谋求个人利益方面太有经验了。如果是一个没有经验的推销员,反倒会好一些,他们更愿意尝试用全新的方法来创造好的业绩。更重要的是,他们会比在这个行业里做了20年的人,更有热情。我相信,一个人在工作上的表现,取决于他渴望达到的程度。一个在公司里升到了相当职位的老员工,通常会想坐下来享受那种生活方式,而不会花费太多时间去创造更好的销售纪录,一个新手却会为了不断改善业绩而付出更多的努力。"

其实,这番话说得很有道理。心理学研究发现,我们所使用的能力,大概只占自身所具备能力的2%～5%,每个人还有诸多潜力待挖掘。要打开潜力的大门,超越现在的自己,就要打破常规思路,摆脱经验的束缚，去找寻新的方法。

杰出发明家保尔·麦克里迪在一次接受记者采访时，说起了这样一件事：

"我曾经告诉我儿子，水的表面张力能让针浮在水面上，他那时候才10岁。当时，我问他，有什么办法能把一根很大的针放到水面上，但不能让它沉下去。我年轻时做过这个试验，我想提示他的是，借助一些工具，比如小钩子、磁铁等。我儿子却不假思索地说：'先把水冻成冰，把针放在冰面上，再把冰慢慢化开，不就可以了吗？'

"这个答案，简直让我惊讶万分！它是不是可行，已经不重要了，重要的是，我绞尽脑汁也想不到这样的办法。过往的经验把我的思维僵化了，而我的孩子却不落俗套。"

在工作生涯中，学识和经验是时间赐予我们的财富，也是走向成功的基石。但如果你渴望不断地超越，有时就该跳出经验，打破常规，不要被它制约和扼杀了潜能。只有不被经验束缚的人，才能在未来的路上赢得更多的机会。

## 拆除囚禁思维的栅栏

不创新，就灭亡。——亨利·福特

没有学习与创新，人生必将波澜不惊。

如果你是一个探险家，被困在了茫茫雪山中，食物耗尽，精疲力竭。你靠着仅有的设备与外界取得了联系，寻求援救。可是在茫茫雪海里寻找一个人难度太大了，警方出动了数架直升机，还是没能寻觅到你的踪影。在"弹尽粮绝"的情况下，你获救的希望变得越来越渺茫，面对这样的现实，你该怎么办？

事实上，这不只是一个假设的问题，而是一个真实的案例。

那位被困在雪山上的探险家，最终选择了割肉放血！但他不是要自杀，而是用这种可能会加速死亡的方式引得救援人员的注意，鲜血染红了雪地，在白茫茫的视野中格外显眼。最终，在似乎绝望的困境中，他获救了。

在面临困难的处境时，不能因循守旧、墨守成规、停步不前，要敢于打破常规、解放思想、大胆创新，才有可能创造出新的生机。创新，既是生存的法则，亦是成功的智慧。

现代人才的竞争十分激烈，如何才能在众多员工中脱颖而出？如何能紧跟时代的步伐，不被社会淘汰？如何才能在工作中百战百胜，笑傲风云？现实的经验告诉我们：创新！

何谓"创新"？那就是人无我有、人有我优、人优我改！对于员工来说，"创新"意味着打破现有的僵化工作模式，打破经验主义和教条主义，遇到问题多动脑，冲破旧的思路，大胆地开辟新方法、新路径，唯有这样才能做出精品，超越他人，成就自己。

《活着就为改变世界》的作者爱德华说："没有创新精神的人是可

悲的，他们其实毫无用处。"

听起来似乎有点儿绝对，但它在某种程度上也折射出一个道理：领导喜欢有创新精神的员工，组织需要创新精神。尽管那些服从命令、按部就班的员工具备踏实忠厚的品质，但他们在工作中缺乏主动精神，没有自己的想法，无法给组织带来飞跃性的转折；那些自动自发、有独立思考能力、善于创新的员工，在遇到问题时习惯换一种途径去找方法，纵然不能做到屡次成功，却让组织有了不同的尝试，给领导或其他员工带来启发。

创新精神不是与生俱来的，创新能力也不可能像神话中所描绘的那样会在某天早上突然降临到你的身上，它与个人的工作方式密切相关，是逐渐培养起来的。

**1.充分发挥想象力**

一个建筑公司的员工找经理报销买小白鼠的钱，经理百思不得其解。员工告知，前两天装修的房子需要更换电线，而电线在一根直径只有2.5厘米、长10米的管道里，且管道被砌在砖墙里，还拐了4个弯，靠人来穿线几乎是不可能的。于是，他买了两只小白鼠，一公一母，把一根线绑在公鼠身上，并把它放到管子的一端；把母鼠放在管子的另一端，想办法逗它叫，吸引公鼠向它跑去。公鼠沿着管道奔跑时，系在它身上的那根线也就被拖进了管道。

没有解决不了的问题，只有不肯想办法去解决问题的人。在面对一些无法按照常规模式解决的问题时，就要充分发挥想象力，用特别的方式去处理。要丰富想象力，平日里就要多读书，开阔视野，积累知识。

### 2. 走少有人走的路

爱因斯坦在苏黎世联邦大学读书时，曾问自己的导师明科夫斯基："我怎么做才能在科学界留下自己的光辉足迹？"明科夫斯基一时间不知如何作答，直到三天后，他把爱因斯坦拉到了一处建筑工地，不顾工人的呵斥，踏上了刚刚铺平的水泥路，并说："只有未被开垦的领域，只有尚未凝固的地方，才能留下脚印。那些被前人踏过无数次的地面，别想再踏出属于你的路来。"

这句话让爱因斯坦如梦初醒，在后来的科学之路上，他一直留意着别人未曾在意过的东西，对诸多传统说法提出质疑，大胆创新，最终在人类的科学史上留下了自己的足迹。

循着别人走过的路，很难留下自己的脚印，只有勇敢地去怀疑和实践，走少有人走的路，才能发现未知的领域，有不一样的收获。

### 3. 不要被经验束缚

一艘远洋轮船不幸触礁，幸存的九个船员在海上漂泊几日后，登上一座孤岛。岛上一片荒芜，没有可吃的东西，也没有任何溪流。烈日当空，船员们口渴难耐，看着眼前一望无际的大海，既想喝却又不敢喝。

几天过后，其中的八个船员被渴死在孤岛。剩下的那个幸存者，在饥渴与恐惧的包围下，跳进了海里。他大口大口地喝着海水，却没想到那海水竟然是甘甜的！他以为自己会死掉，不曾想却活了下来，在获救之前的几天，他一直靠喝岛边的海水度日。后来，人们经过化验得知：这里的海水下面有地下泉水，所以海水变成了泉水。

经验是一座宝藏，可以为人们提供智慧，但经验不是绝对的，在有些情况下非但不奏效，还可能会束缚人的思维。在遇到一些棘手的难题时，应当参考过去的经验，但不要被经验捆绑，在经验无法提供帮助时，就要打破经验，寻找解决问题的新途径。

### 4.换个角度思考问题

圆珠笔刚问世时，芯里装的油比较多，往往油还没用完，小圆珠就被磨坏了，弄得使用者满手都是油，很狼狈。为了延长圆珠笔的使用寿命，人们尝试用不少特殊材料来制造圆珠，可问题依然没能得到解决。就在这时，有人转变了思路，把笔芯变小，让它少装些油，让油在珠子没坏之前就用完了。于是问题顺利得到解决。

当你绞尽脑汁也想不出对策的时候，不妨换一个角度去思考。在某些时候，换一种思维，换一个角度，就会有不一样的发现。工作时，多思考你从没想过的解决办法，可能会打开崭新的天地。

说了这么多道理和方法，就是希望每一位员工都能走出囚禁思维的栅栏，突破思维定式。世上没有一定成功的事，也没有注定失败的事，只要你大胆地迈出第一步，敢做一个不向现实妥协而积极创新的斗争者，你会离成功越来越近。

斗争决定成败

## 批判精神永不褪色

在惯性思维和权威面前，很多人缺乏独立思考的能力，缺乏与之平等对话的勇气，不敢去质疑和挑战，更不敢提出批判性的意见，继而选择沉默或随大流；在僵化的体制面前，质疑和批判精神遁匿无形。

很多时候，人们不敢批判、不去批判，除了畏惧权威以外，就是对批判心存误解。他们认为，批判就是挑刺、抬杠、找茬，甚至是人身攻击。然而，事实并非如此。

英国著名物理学家贝尔纳说："在科学中，批判一词并不是不赞成的同义词，批判意指寻求真理。"批判是寻求真理的必要路径，批判带有正向积极的意义，不夹杂主观上的恶意，也不是毫无根据的否定，更不是打击某个人。批判的出发点是为了引发对方更深层的思考，从而采取正确的策略，朝着真理的方向更进一步。

2007年，中国科学院发布的《关于科学理念的宣言》中提道：

"科学精神体现为继承和怀疑批判的态度，科学尊重已有认识，同时崇尚理性质疑，要求随时准备否定那些看似天经地义实则囿于认识局限的断言，接受那些看似离经叛道实则蕴含科学内涵的观点，不承认有任何亘古不变的教条，认为科学有永无止境的前沿。"

科学是有局限性的，说得更准确一些，当下的科学结论是有局限性的。今天所谓的真理，明天就可能被打破、被推翻。毕竟，任何科学理论都是通过严谨的观察、实验、推论得出的,而科学论证的过程会受到当时客观条件的约束,因而结论并不总是一成不变的。

有些人畏惧外界的质疑,担心质疑就是否定了自己所做的一切,过去所付出的所有都变得一文不值。因此,内心对质疑声充满了抵触和抗拒。其实,这种担忧是完全没有必要的。

牛顿的力学定律,是牛顿用科学的方法求证而来,在很长一段时间里,它是正确的,是真理,也确实能帮助我们理解这个世界运行的规律。但是后来,爱因斯坦发现了相对论,这时人们才意识到,原来牛顿的力学定律并非在任何情况下都是真理。在微观世界里,力学定理是失效的。这意味着,"力学三定律可以解释这个世界的一切现象"的理论,被打破了。

牛顿的力学定律被打破,就代表它没有意义和价值吗?人们就能否认牛顿的伟大吗?当然不是。他用科学的方式,探索出了部分真理。后人也正是因为先有了他探索出的部分真理,才有机会探索出更全面的真理。

我们可以用生活中的一件小事来比喻:当你吃到第三个馒头的时候觉得饱了,但你能说前面的两个馒头都白吃了吗?那些被打破的科学理论,就相当于前两个馒头,它们没让你最终吃饱,却为你吃饱打下了基础。

那些被质疑、被批判,甚至被推翻的科学结论,都是前人通过严谨的求证、积极的探索得出来的。如果没有它们的存在,后来者也就无法顺着前人研究的方向，找到真理。正因为质疑，才让我们有机会听到多视角的意见，并引起回应和讨论。唯有那些被认真对待、得到理性回应的质疑，才能起到推动社会发展的作用。

"怀疑一切"是马克思的人生箴言，他始终致力于"在批判旧世界中发现新世界"，他的著作中随处都可以看到批判的光芒，有些论著直接就是以"批判"命名的，如《黑格尔法哲学批判》《资本论——政治经济学批判》等，这些都体现了马克思的批判精神。

大文豪鲁迅先生，也是一个坚守批判精神的人。鲁迅先生对历史和现实有着深刻的洞察力，这也是其批判精神形成的源头。不过，他的批判是理性的，从不针对个人，而是针对社会普遍存在的痼疾，针对传统的封建文化，针对愚昧、麻木的看客，其目的是"揭出病苦，引起疗救的注意"。

事实上，鲁迅的文章和他的精神，也的确影响了许多人。

诺贝尔文学奖的获得者莫言先生就曾直言不讳地说："现在的作家，想摆脱鲁迅那一代人的影响是不可能的。我们这一代人，从小就阅读他们的作品，不仅是阅读，同时也在感同身受着他们作品中所表现出的精神。那种社会的精神，民族的精神，对社会和民族进行批评的精神，这个在我们的小说里是一直延续下去的。"

无论我们是否愿意承认，有一个无法回避的事实摆在眼前：合格的批判者，以及对待批判者的宽容态度，是我们当下社会亟须拥有的资源。在这个急剧变化的时代，没有合格的批判者，或是无法科学地、理性地对待批判者，都会带来无穷的恶果。

## "黑天鹅"事件这样应对

"黑天鹅事件"是指不可预知的不寻常事件，就像纳西姆·尼古拉斯·塔勒布（Nassim Nicholas Taleb）在《黑天鹅》（The Black Swan）一书中所描述的那样。我们日复一日、年复一年的生活都需要不断前进。意外并不罕见，出现的频率也不低，而且我们已经学会了如何应对它，或者说至少可以磕磕绊绊地走过。但是"黑天鹅"有所不同——我们一辈子可能也碰不到一次。因此，就像塔勒布所说的那样，我们在遭遇"黑天鹅"时的反应会决定我们的生活轨迹。

既然"黑天鹅"的定义决定了我们无法未雨绸缪，自然也不能因为它而寝食难安，那么我们究竟应该如何应对呢？一个能力会非常有用，那就是——适应力。

在工作中总是不缺少突发事件，如果一个人只能按部就班地工作，对于任何突然出现的变化都无法接受和适应，那必然会被社会淘汰。

具有良好适应力的人有以下显著特征：

- 内心平和。
- 高度的自知之明。
- 不同寻常的经历，如有过大起大落的人生、吃过一般人没有吃过的苦。

- 喜欢应对一般的混乱局面。
- 善于沟通、交际面广。
- 活力四射。
- 正直。
- 幽默感。
- 懂得移情。("我可以感受到你的痛苦"——并非与别人抱头痛哭,而是表现出同情。理解有些人的适应力有限,并且尊重这些人,不把他们看作"失败者"。)
- 快速作出艰难抉择,不瞻前顾后。
- 果断,但不苛刻。
- 鲜明的个性与同等鲜明的团队合作精神。(这可能是一种理想状态,不过我们可以把它作为目标。)
- 了解规则及其重要性,但在必要的时候回避它。
- 乐意接受新奇思想的挑战,但是总体来说属于实干型。
- 满怀希望。

具有良好适应力的组织的显著特征:

- 为各个岗位和各个层次聘请适应力强的员工。也就是说,将"是否表现出适应力"作为考察重点。
- 提拔那些展现出良好适应力的员工,并广而告之。
- 组织具有分散化的结构,可以避免因筹划不周而导致满盘皆输的问题。

## 第七章 敢创新，勇破斗争难题

- ▶ 能够应对紧急情况。
- ▶ 居安思危，在平稳时期懂得利用各种变化的因素考验团队，警醒大家。
- ▶ 预留应对突发情况的资源，有重要资料备份的良好习惯。
- ▶ 培养全体员工的积极主动、关心与尊敬、执行力、责任心等素质。
- ▶ 具有"适应力文化"，将其作为明确的组织价值观。
- ▶ 全心全意关注一线员工的进取心。（未雨绸缪的一大缺点就是它或多或少地依赖装备精良、成本昂贵的"紧急情况责任人"的反应。但是，大量证据表明，最关键的决策都是由现场人员所做出的——在最敏捷的"紧急情况责任人"到达现场之前。）
- ▶ 漫步式管理——在任何时间对任何事情进行现场沟通。
- ▶ 良好的透明度。（保证所有人的知情权，不让一个人蒙在鼓里。）
- ▶ 利用模拟演练考验整个组织——运动员经常这样做，你的会计部门怎么就不可以呢？
- ▶ 特立独行的人们在被提拔的员工中占到相当大的比例。特立独行的人们总是认为"怪异即正常"。
- ▶ 真正的多样性。不同的意见和背景具有无限价值。

## 白日梦也能梦想成真

达夫·弗罗曼（Dov Frohman）是半导体行业的先驱。他的成就之一就是创建了英特尔以色列办公室，并且为以色列蓬勃发展的高科技产业做出了非常重要的贡献。他还与罗伯特·霍华德（Robert Howard）一道为我们呈现了一本原创的领导力书籍——《领导不好当：为什么领导力无法教授以及大家应该如何学到它》。在"艰难领导力的软技巧"一章中，弗罗曼坚持认为领导者、经理人必须把自己至少50%的时间从日常工作中解放出来，这一点令人震惊。他的表述如下：

"大部分经理人花费大量时间思考自己计划做些什么，却很少花时间思考不要做些什么。于是，他们沉迷于救当前之火以至于根本无法应对组织所面临的长期威胁和风险。因此，领导力的第一软技巧就是培养马克·奥勒留的视角：避免忙碌，解放自己的时间，关注那些真正重要的事情。

"再直白一点就是：每个领导者都应该在日程表上留出大量空白时间——我建议50%的时间……只有这样，大家才有思考眼前事务、从经验中学习、从无可避免的错误中恢复元气的空间。

"如果没有这种空闲时间，领导者最终只能忙于应付眼前问题……经理人对于我这一提议的反应通常都是，'这的确千好万好，但是我还有很多事情要做'。我们在毫无价值的活动上浪费的时间太多了。这占用了领导者大量精力，使他们根本没有时间关心真正重要的事情。"

弗罗曼的观点带给我一个令人耳目一新的想法，那就是"白日梦"。

"白日梦原则"：我的工作生涯中几乎所有重大决策在某种程度上都是"白日梦"的结果……当然，每次我都必须搜集大量数据，进行详细分析，然后让数据来说服领导、同事和商业伙伴。但那都是在后来，开始的时候就是"白日梦"。

我所说的"白日梦"指的是没有任何目标的思想漫游……事实上，我认为"白日梦"是一种特殊的认知模式，尤其适合复杂、模糊的问题，而这些问题正是动荡的商业环境的主要特征。

"白日梦"还是应对复杂状况的有效手段。如果一个问题非常复杂，那么细节问题就会非常多。人们对于细节的关注程度越高，就越有可能迷失其中……每一个孩子都知道如何做"白日梦"。但是许多人，也许是大部分人，在长大后都丧失了这一能力。

心理学家研究发现，我们所使用的能力，大概只占自身所具备能力的2%～5%，每个人还有诸多潜力可待挖掘。要打开潜力的大门，超越现在的自己，就要打破常规思路，摆脱经验的束缚，去找寻新的方法。

爱因斯坦说："想象力比知识更重要，因为知识是有限的，而想象力概括着世界上的一切，推动着进步，并且是知识进化的源泉。严肃地说，想象力是科学研究中的实在因素。"

斗争精神要求我们敢于质疑经验、挑战权威，如果一味地听从或迷信权威和经验，想象力必然会受到束缚。哥白尼大胆地提出"日心说"，对抗当时占据主流思想的"地心说"；伽利略发明天文望远镜，试图探索浩瀚的宇宙，带人类走出地球视野，这一切也离不开想象力的支撑。"异想天开"往往能为科学探索提供鲜活的命题和无限的遐想空间，也能给我们解决问题、应对挑战提供精妙绝伦的方法。

　　历史已经用事实告诉我们，许多"异想天开"都是探索的起点，许多划时代的发现都是由此而来。150多年前，法国科幻作家儒勒·凡尔纳曾经在自己的作品《地球到月球》中描写了这样一个情景：3名探险家乘坐一枚大炮弹飞上了月球。这也是他的想象，但后来真的有科学家受到启发，写成了世界上第一部研究以火箭解决星际飞行问题的科学著作，而现在航空航天技术的发展让我们越来越清晰地看到这种想象成为现实的未来。

　　在现实生活中，不少"白日梦""异想天开"都被视为是脱离实际、好高骛远，但对于敢于斗争的人来说，多一点"白日梦""异想天开"没什么不好，这意味着不局限于固有模式，大胆地去想象，有可能会迸发出创新解决问题的火花。

第八章
# 抓问题，聚焦斗争力量

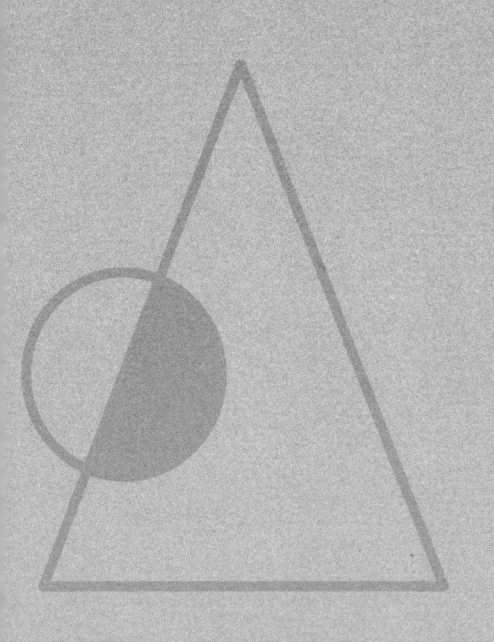

第八章　抓问题，聚焦斗争力量

## 斗争的实质就是解决问题

你有没有想过，斗争的实质到底是什么？

其实，答案很简单，就是解决问题。

从接受一项既定的任务，到各种突发的状况，我们要做的就是把问题处理掉，得到一个满意的结果。完成了，做好了，那就是成功；没做好，放弃了，那就是失败。两者的分水岭就在于，能否找到有效解决问题的办法。

不少人都觉得，成功者胜在天赋和机遇。不可否认，天赋的确是一个重要的影响因素，机遇也是外界的助力，但是别忘了，内因决定外因。所有的成功者，都有一个共同的特性，那就是遇到麻烦的时候，绝不会逃避，而是会主动去找方法。他们坚信，只要找对了方法，再大的问题都可以迎刃而解。

1891年，杰拉德·飞利浦在埃因霍恩创建了飞利浦公司，主要制造

斗争决定成败

白炽灯和其他电器。从它诞生的那天起，飞利浦就决心把它发展成为世界上最大的电器公司。最初，公司的业务很繁杂，作为老板的杰拉德·飞利浦，每天都在各个城市之间奔波，洽谈合作业务。不久后，他发现，即便这么努力，公司的业绩还是在下滑，于是他决定和合伙人分工合作：合伙人依旧到其他城市谈业务，杰拉德则在公司寻找业绩下滑的原因。

杰拉德没有单纯地召开全体会议，共同探讨业绩下滑的问题，他只是每天准时出现在公司，下班后再离开办公室回家。就这样持续了一个月后，杰拉德发布了一项人事任命，决定让接待员艾格女士担任人事部的主管。

对于这个决定，杰拉德解释说："我之所以让艾格女士担任人事主管，最主要的原因是，我在整个公司里，只看到她一个人在主动解决问题，而其他人在问题出现后，所做出的举动，都是在回避问题，甚至有很多问题都是艾格女士帮助解决的。所以，我任命她来做人事主管。我相信，这样的决定是对的，即使我不在公司，公司依然能够正常运转，不会出现问题。从现在开始，我要培养那些主动寻找方法解决问题的人。"

一个组织的发展，仅靠管理者的力量是远远不够的，必须凝聚所有人的力量，朝着共同的目标去努力。在遇到问题的时候，就算领导不在，员工依然有主动解决问题的能力，这样的组织才有持久的生命力。

不可否认，工作中会有很多棘手的难题，看起来毫无头绪，着实不知道该从哪儿下手。面对这样的烫手山芋，多数人都会选择回避或推脱，倒也不是不想负责任，只是缺乏信心，不相信自己能够处理好。实际上，越是这样的时刻，越应当保持冷静，去思考和寻找方法，而不是在心里给自己下定义说：我做不到。

鲁迅先生有句名言："前途很远，也很暗。然而不要怕，不怕的人的面前才有路。"生活也好，工作也罢，唯一需要害怕的就是害怕本身，畏惧会让你把原本可以解决的问题变得难如登天。一旦你克服了畏惧的心理，所有的问题都不再是难题。

遇到了山一样的阻碍时，先别急着找理由强化问题的难度，潜意识里暗示自己无法解决。这样的"催眠"只会让你觉得，恐惧是合情合理的。你越是心存畏惧，畏惧越会肆无忌惮地吞噬你。最好的办法是不要多想，不去逃避，直接面对问题，只有靠近了问题，置身于问题中，才能专注地去思考解决之道。

恰如一位跳伞教练给学生的忠告："在跳伞台上各就各位的时候，我会让大家尽快度过这段等待时间……等待跳伞的时间拖得越久，跳伞的人就会越恐惧，越没有信心。"

处理其他的工作问题也是一样，优秀的员工把恐惧转化为行动，在行动中战胜恐惧，不敢动手去做的人，只会平添恐惧，停在原地。真的去面对了，你就会发现，问题很可能没有想象中那么严重和糟糕。

当自己无法解决问题的时候，你还有求助的对象，领导、同事、朋友都能助你一臂之力。结合众人的想法，很有可能找到解决问题的思路。生活中有很多例子提醒我们，没有一个问题是无法解决的，关键是你有没有去找方法。问题不会自动解决，只有敢于正视问题，有解决问题的责任担当，才可能有解决办法。这就像开锁一样，不是没有钥匙能打开它，只是你没有找对那把能开锁的钥匙。

世间没有无解的问题，遇到麻烦的时候，别总想着没办法了。对待工作，我们都应该在内心树立这样的信念：每个人都是创造者，生活中处处都有转机，只要肯去寻找方法，就没有解不开的结。

## "为什么"能告诉你答案

每个人在工作中都会遇到未知的问题，情况简单一些的，很容易就能解决；若是稍微复杂一些的，想顺利解决就得动动脑筋了。

其实，那些能想出办法的人，未必都有绝顶聪明的头脑，他们最大的优点在于，遇到问题不放弃，抓住已有的线索不断追问"为什么"，经过发问思考和反复琢磨，最终才想出解决之道。他们不是什么天才，只是比其他人多了一点好问的精神。

一次，通用汽车公司下属汽车制造厂的总裁收到客户寄来的一封信，对方在信中抱怨说，他新买的通用汽车，只要从商店买回香草冰淇淋回家就无法启动，如果买其他种类的冰淇淋就不会出现这样的问题。有人觉得，这问题不在车子本身，可能是香草冰淇淋的问题。

制造厂总裁对这封信也感到费解，想不出什么好的解决策略，就只好派一名工程师前去查看。当晚，工程师就随着这个车主去买香草冰淇淋，果然在返回时车子无法启动了。工程师百思不得其解，回去向总裁汇报说问题确实存在，但一时间还无法确定是什么原因导致的。

在总裁的嘱托下，工程师随着车主一连两个晚上都去买冰淇淋。车主分别买了巧克力和草莓两种口味的冰淇淋，结果车子都可以正常启动。可到了第三个晚上买香草冰淇淋时，车子又跟原来一样，出现了发动机熄火的现象。虽然工程师没有找到真正的原因，但他敢肯定绝对不是香草冰淇淋引发的问题。

这件事情引起了汽车制造厂的关注，总裁要求工程师一定要查明原因。在几次随车主外出的过程中，工程师对日期、汽车往返的时间、汽油类型等因素都做了详细的记录。最后，工程师发现了一些关键的线索：问题可能与买冰淇淋所花费的时间长短有关。香草冰淇淋只是一个偶然的因素，因为它是最受欢迎的一种口味，售货员为了方便顾客，直接把它放在货架前，买的人如果需要，只用最短的时间就可以买到，而这个时候汽车的引擎还很热，无法使产生的蒸汽完全散失掉。如果买其他冰淇淋的话，时间相对长一些，汽车可以充分冷却以便启动，所以就不会出现发动机熄火的情况。

为什么车子停很短的时间就无法启动呢？经过工程师的进一步调查研究发现，问题出在"蒸汽锁"上。虽然这是一个很小的细节，技术难度也不大，可却严重影响了客户的使用。经过反复思考，工程师终于解决了这个问题。

面对问题的时候，要有一种打破砂锅问到底的精神，多问几个"为什么"，往往就能发现一些蛛丝马迹，循着这个思路走下去，问题的答案就会水落石出。如果遇到难题就退缩，不投入时间、精力去研究，总是浅尝辄止，给出"也许""可能""大概"等模棱两可的回答来应付，那么再小的问题也无法得到彻底的解决。

日本的丰田汽车公司，曾经用"十万个为什么"提问法，来解决机器停机的问题。

当时，有些工厂的机器会突然停止工作，有些是因为机器老化或故障，但更多的还是一些小问题，如电闸的保险丝断了。照理说，保险丝断了不是什么大事，换一根就好了，也花费不了多少钱，可对于大规模流水线作业的工厂来说，造成的损失可不仅仅是一根保险丝的价值，它很可能会导致一天的产量任务无法完成，甚至不得不让一些岗位停下来等待。

有一天，丰田汽车公司的一台生产配件的机器在生产期间突然停了。经过检查发现，问题依然是保险丝断了引起的。正当一名工人拿出一根备用的保险丝准备去换的时候，一位管理者看到了，他决定通过提问来彻底解决这个问题。

问："机器为什么不运转了？"

答："因为保险丝断了。"

问:"保险丝为什么会断?"

答:"因为超负荷导致的电流过大。"

问:"为什么会超负荷?"

答:"因为轴承不够润滑。"

问:"为什么轴承不够润滑?"

答:"因为油泵吸不上来润滑油。"

问:"为什么油泵吸不上来润滑油?"

答:"因为油泵产生了严重的磨损。"

问:"为什么油泵会产生严重的磨损?"

答:"因为油泵没有装过滤装置而使铁屑混入。"

一段简短的问答,就找出了事故的真正原因。接下来,在油泵上装上过滤器,就不会再导致机器超负荷运转,也不会经常地烧断保险丝,继而保证机器正常运转。如果当一个"为什么"解决后,就停止了追问和思考,认为问题已经解决了,那么不久后保险丝依然会断,问题还会反复地出现。

头痛医头脚痛医脚,不是解决问题的良方,透过现象看到本质才是关键。所以,在工作的时候,不能只用手,还得多用心,多思考,多问几个为什么。只有这样,才能想得比别人更周密,做得比别人更出色。仔细想想:养成了善于提问的习惯,还有什么难题是不能解决的呢?

斗争决定成败

## 养成发现问题的习惯

我们都知道，工作的实质就是解决问题，可相比解决问题而言，还有一件事更为重要，那就是发现问题。为什么这样说呢？因为出现问题并不可怕，至少你知道哪里有隐患，哪里需要注意和改进，最怕的是"没有问题"！

这里说的"没有问题"，不是真的没有问题，而是当情况已经出现异常时发现不了问题，直到问题发展得严重了，才想到去控制，此时已经造成了损失，甚至到了无法挽回的地步。这才是工作中最令人遗憾和惋惜的事。

一位部门负责人就曾抱怨说："我的那些下属工作一点儿都不主动，总是敷衍了事。每次给他们布置完新任务，我总要向他们追问进展的情况，问他们有没有发现什么问题。他们每次都说很顺利，但我心里很担忧。有些问题我能考虑到，但不能事必躬亲，更多的问题还要他们自己去发现。如果出现问题之初，他们不能在第一时间告诉我，等到事态扩大了，小问题演变成大问题时，我也会觉得很棘手。"

联想一下平日的工作状况：你是否也如这位负责人所说，做事不够积极主动，出现问题佯装看不见，或是根本就不去留意有什么问题，等事情发展到无法收拾的地步，才想起向领导汇报？若真如此，那你有必要改进一下工作的方法了。

## 第八章 抓问题，聚焦斗争力量

想成为组织不可或缺的人才，只懂得按时完成任务是远远不够的，还要主动为组织着想、为领导分忧。在工作的过程中，我们不可能什么问题都发现不了，只是多数情况下，我们总想着多一事不如少一事，如果这个问题不影响工作进度，大可睁一只眼闭一只眼。可是别忘了，领导迟早会发现问题的，待到他问起时再找借口，是不是有点被动呢？更何况，你没有去管这些问题，不代表其他同事不留意，倘若同事和你做同样的事，他能主动向领导反映问题，而你没有任何反映，领导会如何看待你的工作表现呢？

无论从哪方面说，主动发现工作中的问题，并将其反馈给领导，既是员工的职责，也是展示自己的机会。平庸和出色就是这样区分开来的，这也是为什么很多员工在相同的职能部门，前途却大相径庭。领导只会把任务交给自己最放心的人，不要说你缺乏观察力，其实只要足够用心，总会有所发现的。

1976年12月的一个冬日清晨，三菱电机公司工程师吉野先生两岁的女儿把报纸上的广告单卷成了一个纸卷，像吹喇叭一样吹起来。她对父亲说："爸爸，我觉得有点暖乎乎的！"女儿产生这样的感觉是因为吹气时热能透过纸而被传导到手上。

听到这句话时，吉野先生怔了一下，顿时受到了启发。此前，他已经为如何解决通风电扇节能的问题，苦思冥想好长时间了，现在能不能按照孩子说的那个思路，把纸的两面通入空气，使其达到热交换呢？

他以此为原型，用纸制作了模型，用吹风机在一侧吹进冷风，在另一侧吹进暖风，通过一张纸就能使冷风变成热风，而暖风却变成冷风。这个热交换装置仅仅是把糊窗子用的窗户纸折叠成类似折皱保护罩那样的东西，并将其安装在通风电扇上。室内的空气通过折皱保护罩的内部而向外排出，室外的空气则通过折皱保护罩的外侧而进入保护罩内。通过中间夹着的一张纸，使内外两个方向的空气相互接触，产生热传导的作用。

如果室内是被冷气设备冷却了的空气，从室外进来的空气就能够加以冷却，比如室温26℃，室外气温32℃，待室外空气降低到27.5℃之后，再使其进入室内。如果室内是暖气，就将室外空气加热后再进入室内，比如室外0℃，室内20℃，就把室外寒风加热到15℃以后再入室。如此，就能够节约冷、热气设备的能源损耗。

后来，这一装置投入到了实际的应用中，三菱电机公司把这一装置称之为"无损耗"的商品，并在市场上出售。每到换季的时候，使用这个装置，损失的能源可以回收2/3。

古人云："学起于思，思起于疑。"机会和成就永远都是先光顾那些喜欢思考、善于发现问题的人。人的思维通常都是从问题开始的，谁有一双善于发现问题的眼睛，谁就能在竞争中遇见机遇，把握住了机遇，就能做出有价值的成就。

可以这样说，发现问题是工作的起点，这是员工需要练就的一项重要技能。这些问题可能表现在不同的方面，或是缺点、不足，或是经验教训，或是薄弱环节，只要肯结合工作实际来思考和研究它，往往就能扫除障碍、弥补漏洞、实现创新。

总而言之，工作还需要多观察、多思考、多研究。对工作中的每一个疑点，都要见微知著，常怀"千里之堤溃于蚁穴"的危机感，不断地清查问题、纠正问题，才能更好地发挥自己的优势，在工作中脱颖而出。

## 解决问题从改变自己开始

我们大都有过这样的困惑：费尽一切力气想要改变现状，却总是不能如愿，心想着可能换一个环境就好了，却不知道问题的根源并不在外界，而在自己身上。

你是否听过这个故事？一只乌鸦在南飞的途中小憩时，碰见了一只鸽子。鸽子对乌鸦说："你这么辛苦，要飞去哪里？为什么要离开呢？"乌鸦愤愤不平地说："没办法，我也不想离开，可那里的人都不喜欢我的叫声。所以，我想飞到别的地方去。"鸽子好心地劝它："别白费力气了，如果你不改变自己的声音，飞到哪儿都不会受欢迎的。"

环境的变化，会在某种程度上影响人的命运，但它绝非最主要的因素，也不是决定性的因素。如果自己原本就存在缺点和不足，却意识不到或不肯做出调整，即便换一个环境，结局也是一样的。更何况，

## 斗争决定成败

任何一个环境都不是只有弊而没有利,若能在有限的条件下抓住机遇,随着环境的改变调整自己的观念,也可以让一切变得顺畅。

在威斯特敏斯特大教堂地下室的墓碑林中,有一块墓碑闻名世界。其实,它并没有什么特别的造型和质地,就是粗糙的花岗石制作的,和周围那些质地上乘、做工优良的亨利三世到乔治二世等20多位英国前国王的墓碑,以及牛顿、达尔文、狄更斯等名人的墓碑比起来,显得微不足道,不值一提。更令人惊讶的是,墓碑上根本没有刻着墓主的姓名、出生年月,甚至连墓主的介绍文字也没有。

就是这样一块无名墓碑,却让千千万万人前来拜谒,每一个到过威斯特敏斯特大教堂的人,即便不去拜谒那些曾经显赫一时的英国前国王和名人们,也一定要拜谒这块普通的墓碑。因为,他们被这块墓碑深深地震撼着,确切地说,是被墓碑上那段意味深长的碑文震撼着:

当我年轻的时候,我的想象力从没有受到过限制,我梦想改变这个世界。当我成熟以后,我发现我不能改变这个世界,我将目光缩短了些,决定只改变我的国家。当我进入暮年后,我发现我不能改变我的国家,我的最后愿望仅仅是改变一下我的家庭。但是,这也不可能。当我躺在床上,行将就木时,我突然意识到:如果一开始我仅仅去改变我自己,然后作为一个榜样,我可能改变我的家庭;在家人的帮助和鼓励下,我可能为国家做一些事情。然后谁知道呢?我甚至可能改变这个世界。

据说，很多名人在看到这块碑文时都感慨不已，说它是一篇人生教义，也是灵魂的自省，其中就有曼德拉。他当时看完后，有一种醍醐灌顶之感，声称自己从中找到了改变南非甚至整个世界的钥匙。回到了南非后，他从改变自己入手，历经几十年的时间，最终改变了周围的人，乃至一个国家。

托尔斯泰说："世界上有两种人，一种是行动者，一种是观望者。很多人都想着改变世界，却从未想过改变自己。"环境一旦形成了，是很难以一己之力改变的，人只有改变自己，才能够更好地解决问题，更好地与环境融合。

推销员杰克做业务员有一年多的时间了，眼见着周围的人陆续升职加薪，自己也不是不努力，每天忙着联络客户，薪水虽然也还可以，但在业绩上始终表现得很平淡，没有做成过大的订单，在成就感上很受挫。

一天下午，杰克和往常一样，下班就开始看电视。突然间，他留意到了一档专家专题采访的栏目，而那期的话题正是"如何使生命增值"。心理专家在回答记者的问题时，如是说："我们无法控制生命的长度，但我们完全可以把握生命的深度。其实，每个人都拥有超出自己想象十倍以上的力量，要使生命增值，唯一的方法就是在职业领域中努力地追求卓越。"

听完这番话，杰克决定改变自己。他立刻关掉了电视，拿出纸和笔,严格地制订了半年内的工作计划,并落实到每一天的工作中。2个月后,杰克的业绩明显有了提升;9个月后,他已经为公司赚了2500万美元的利润;年底,他顺利晋升为公司的销售总监。

现在的杰克,已经有了属于自己的公司。每次给员工做培训时,杰克都会说:"我相信你们会一天比一天更优秀,只要你下定决心做出改变。"这样的激励总能给员工带去力量,公司的利润也不断翻倍。

对渴望有所作为的职场人来说,杰克就是一个很好的参考范本。有些时候,面对不满意的境遇,最应当迫切改变的不是环境,而是我们自己。换而言之,是我们在面对问题的时候,没有静下心来去努力,当自己变得足够好了,很多问题也就有了解决之道。

## 化繁为简是最实用的方法

20世纪末,英国一家报刊曾经举办过一项有奖征答活动,高额的奖金吸引了大批的参与者,题目的内容很有意思:

一个热气球上,载着三位关系着人类命运的科学家。第一位是粮食专家,他能在不毛之地甚至在外星球上,运用专业知识成功地种植粮食作物,使人类彻底摆脱饥荒;第二位是医学专家,他的研究可拯救无数的人们,使人类彻底摆脱诸如癌症、艾滋病之类绝症的困扰;第三位是核物理学家,他有能力防止全球性的核战争,使地球免于遭受毁灭的绝境。

由于载重量太大，热气球即将坠毁，必须丢出去一个人以减轻重量，使其余的两人得以存活。请问，该丢出去哪一位科学家？

征答活动开始后，社会各界人士广泛参与，一度引起某电视台的关注。在收到的应答信中，每个人都绞尽脑汁，发挥自己丰富的想象力，阐述他们认为必须将哪位科学家丢出去的原因。那些给出高深莫测的妙论的人，并没有得到奖金，最终的获奖者是一个14岁的男孩。

他给出的答案是：把最胖的那位科学家丢出去！

这个故事告诉我们，很多事情其实很简单，只是我们把它想得太复杂了。这也很容易解释，长期以来，我们接受的教育和大多数训练都指导我们把握每一个可变因素，找出每一个应对方案，分析问题的角度应尽可能多样化。久而久之，我们就习惯了一种定式思维：最复杂的就是最好的。复杂化的问题从小就开始伴随着我们，成为我们生活和工作的一部分。

可很多时候，我们也会看到一些"特别"的人，他们做事又快又好、效率很高，似乎毫不费力就能把工作完成，根本无需加班，也不会忙得废寝忘食，从来都是轻松愉悦的。其实，这里面的秘密就是，他们懂得用脑子把问题化繁为简。

唐纳德在《提高生产率》一书中，曾经提到过提高效率的"三原则"：为了提高效率，每做一件事情时，应该先问三个"能不能"：能不能取消它？能不能把它与别的事情合并起来做？能不能用更简便的方法来取代它？

一家有名的日用品公司，换了一条非常先进的包装流水线，但不久后就收到了很多客户的投诉，他们抱怨自己买的香皂盒是空的，根本没有香皂。这件事情立刻引起了公司的重视，老板亲自召开会议，要求大家集思广益解决这个问题。

有人说，加强人工检查，把每一个装完的盒子拿起来，试一下重量。但经过实验，发现这种方法效率太低，且无法保证所有的盒子都装了香皂，公司还要花费不菲的人工成本。后来，他们请来一个由自动化、机械、机电一体化等专业的博士组成的专业小组来帮忙解决问题。专业小组的效率很高，用了很短的时间开发出了全自动的X光透射检查线设备，透射检查所有的装配线尽头等待装箱的香皂盒，如果有空的就用机械臂取走。

问题解决了，大部分的空香皂盒都被取了出来，可是公司在邀请专业小组和装备新检查设备方面却花费了高额的成本。

另一家生产日用品的小公司，在引进了这套包装流水线后，也遇到了同样的问题。老板吩咐流水线上的工人，务必想出一个解决策略来。有一个工人很快就想到了办法，他向公司申请买了一个有强大风力的电扇，把它放在装配线上吹每一个肥皂盒，如果肥皂盒是空的，就会被吹走，这种方法既简单又有效。

同样的问题，一个花费了高额的成本、大量的人工，另一个却只用一台简单的风扇就把问题解决了。前者动用了知识渊博的专业人士，后者就是一个普通的工人想出的点子。这就印证了美国通用电气公司前CEO杰克·韦尔奇说的话："你简直无法想象让人们变得简单是一件多么困难的事，他们恐惧简单，唯恐一旦自己变得简单就会被人说成是头脑简单。而现实生活中，事实正相反，那些思路清楚、做事高效的人们正是最懂得简单的人。"

美国太空总署发现，在太空失重的状态下，航天员无法用墨水笔写字。于是，他们花了大量经费，研究出了一种可以在失重状态下写字的太空笔。对于这个问题，俄罗斯人的解决办法就简单了，他们选择用铅笔。

看，这就是化繁为简，多么简单的办法，却又多么行之有效。我们总是习惯性地把问题复杂化，以为事情总在朝着复杂的方向发展，但实际上，复杂会造成浪费，而效能则来自简单。我们做过的事情中，很有可能绝大部分都是没有意义的，真正有效的活动就只是其中的一小部分，而它通常隐含于繁杂的事物中。因此，我们在做事情的时候，也应当注意从简单的地方入手，找到关键部分，去掉多余的活动，利用简单的手段解决复杂的问题。

简化问题，避免冗繁是我们提高工作效率的重要途径。无论我们做什么事，最简单的方法就是最好的方法。追求简单，事情就会变得越来越容易。反之，任何事都会对我们产生威胁，让我们感到棘手，精力与热情也跟着下降。化繁为简，可以让工作变得可行，帮我们逃离忙碌低效的泥淖，轻松完成任务。

## 让他人的力量为你所用

判定一个人工作能力的强弱，不是仅看他的学历和经验，更要看他做事的方法。

有些人很聪明，但不一定会成功，比如他总是自视清高，认为没什么问题是自己不能解决的，一旦离开自己，任何事情都会搞砸。所以，他们事事亲力亲为，不相信别人，结果不是把自己累得一塌糊涂，就是陷入事倍功半的牢笼中。

相反，有些人缺点明显，个人能力不是那么强，却非常有智慧。他们懂得重视自己的重要性，但更懂得汲取百家之长，融入外界的力量，集思广益、叠加能量，让解决问题变得简单而轻松。

其实，面对生活和工作，当自己无法独立完成一件事、解决一个问题的时候，强迫着自己继续坚持，只会适得其反。

寒冬腊月，一个卖包子的和一个卖被子的同到一座破庙里躲避风雪。天很晚了，卖包子的很冷，卖被子的很饿，但他们都相信对方会有求于自己，所以谁也不肯先开口。就这样，卖包子的一个接一个地吃包子，卖被子的一条接一条地往身上盖被子，谁也不愿意向对方求救。最后，卖包子的冻死了，卖被子的饿死了。

这样的情形在我们的生活中并不少见。个人的力量对自然、对社会来说，都是渺小的，所以我们才要强调协作。力所不能及的时候，调动外界的一些力量，不失为一个好的办法。有时，可能他人不经意间提出的一个点子，就会拓宽我们的思路；他人的举手之劳，就能给我们减轻不少压力和负担。

比尔·盖茨说："一个善于借助他人力量的企业家，应该说是一个聪明的企业家。在办事的过程中善于借助他人力量的人，也是一个聪明的人。"

人生的成功离不开他人的协助，人与人之间的交往和互助就是成就事业和幸福生活的基石。成功者都善于借力、借势去营造一种氛围，从而攻克一件件难事。在这个提倡协作的时代，单枪匹马的做事方法俨然已经不适应时代的需求了，我们要善于把不同人身上不同的优点集合在一起，以求事半功倍的效果。

赵某是某单位的HR主管，他在工作中遇见了一桩棘手的事。

单位的一位员工在出差的时候手臂骨折，这样的事情以前没有发生过，单位要如何处理这件事，是否该赔付，赔付多少，都没有可参考的例子。可这件事在处理上又不能马虎，毕竟牵扯到员工的利益，老板还是希望他尽快处理，担心拖下去会被员工认为不够重视或想逃避责任。

要妥善处理这件事，必须兼顾组织和员工的利益，对内对外都不能留下隐患。一时间，赵某不知所措，琢磨了半天的时间，他还是觉得要寻求外援。他给同样做人力资源管理的朋友打电话，这些朋友给他提供了至少10条有效的信息，依据这些信息，他很快就列出了一些解决方案，还写了部门处理类似事情的流程上报，老板对他的工作非常满意。

赵某觉得能圆满处理好这件事情，主要还是得益于同行的帮助。之前，他经常参加一些人力资源方面的活动，认识了不少的同行，虽然大家没有时间经常见面，可沟通还是很多的，逐渐就形成了一个朋友圈。有谁遇到什么不懂的问题，大家都会积极地提供帮助，毕竟都是专业的人士，方法也都比较有针对性。

一人事，一人知，一人行，可谓独断专行；二人事，二人知，二人行，可谓合作无间；大家事，大家知，大家行，可谓众志成城。现实就是这样，不管一个人自身的能力多强，智慧和才华总是有限的，唯有借助他人的能力和智慧，取长补短，为我所用，才能走得更顺畅。

工作不是一出独角戏，而是一出大合唱。在完成任务、实现目标的时候，学会借力是很有必要的，这无所谓自尊的问题，任何人都不可避免地需要别人的帮助。只有善于借助外界的各种力量和智慧，才能在工作中无往不利。

第九章
# 抠细节，增加斗争胜率

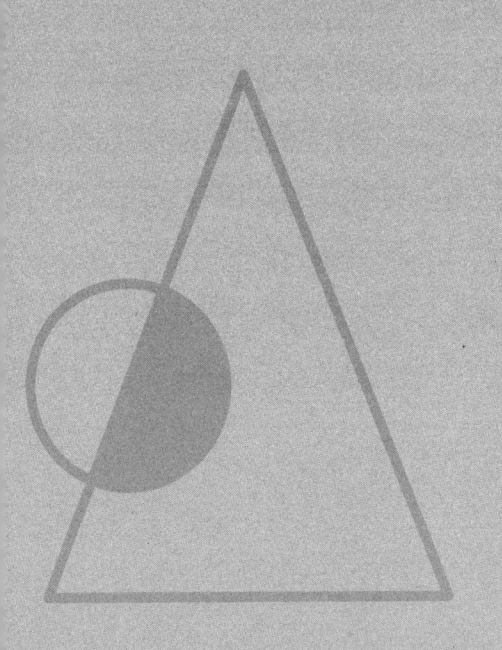

## 眼宜高，手宜细

我强调细节的重要性。如果你想经营出色，就必须使每一项最基本的工作都尽善尽美。——麦当劳创始人克洛克

工作如同一座雕像，最终呈现给世人的是美丽还是丑陋，都是由我们一手造成的。我们在工作中所做的每件事，就是一凿一凿雕刻的过程，每一凿看似都是平常的、不起眼的，可若都随随便便地糊弄，那么最后雕刻出来的就不可能是精品。

顾先生在一家外贸公司做业务经理。有一回，他负责一批出口枕头的贸易项目，流程进展得很顺利，可没想到这批枕头却被进口方海关扣留了。进口方认为枕头的品质有问题，提出退货的要求。

若退货的话，公司的损失是巨大的，这让顾先生很着急。但他怎么也想不出来，到底是哪儿出了问题。在和进口方合作的过程中，枕

头的面料、颜色都是通过打样和对方反复确认的，到底是什么原因让海关扣留了货物，甚至要求退货呢？

最后，经过了彻底的调查，顾先生才知道，原来问题出在了枕头的填充物上。负责这项工作的员工，压根没把填充物的作用当回事，就只顾着关注外包装了。由于没有跟制造厂商具体商量填充物的标准，制造商就在其中混入了一些积压的原料，导致填充物中出现了小飞虫。

这一细节的疏忽，给公司造成了不小的经济损失，名誉上也受到了影响，让客户觉得公司做事不可信、不够诚实，将来再想与该公司合作，难度很大。顾先生回头想想，若是当初考虑到这个细节，亲自打开枕头看看，也许就能避免这样的结局。整件事情，从下属到管理者都是有责任的，至少在观念上没有把细节当回事。

洛克菲勒曾说："当听到大家夸一个年轻人前途无量时，我总要问：'他努力工作了吗？认真对待工作中的小事了吗？他从工作细节中学到东西了没有？'"这样问的原因，是因为他深谙一个道理：一个人学历再高，若是工作不认真，不把判断力、逻辑推理能力和专业知识跟具体的细节联系起来，终将一事无成。

有一家公司对外招聘业务员，开出的薪资待遇非常诱人。在诸多的应聘者中，有一个年轻人条件相对优秀，他毕业于名校，有三年的业务经验。大概是有底气，所以在面试过程中，他表现得非常从容，也很自信。

考官问他:"你在原来的公司做什么工作?"

"做花椒贸易。"

"以前花椒的销路很好,但近几年国外的客商却不愿意要了,你知道为什么吗?"

"因为花椒的质量不行了。"

"你知道为什么质量不行了吗?"

年轻人想了想,说:"肯定是农民在采集花椒的时候,不够仔细。"

主考官看了看他,笑着答道:"你说错了。我去过花椒产地,采集花椒的最佳时间只有一个月。太早了,花椒还没有成熟;太晚了,花椒在树上就已经爆裂了。花椒采好后,要在太阳底下暴晒一整天,如果晒不好,就不能成为上等品。近几年,很多人为了省事,就把采集好的花椒放在热炕上烘干。这样烘出来的花椒,从颜色上看跟晒过的花椒差不多,可是味道却完全不一样。做一个好的业务员,一定得重视工作中的各个细节。"

很多人热衷于知名品牌,虽然这些品牌产品的价格比其他普通品牌的产品价格高出数倍,但依然有人趋之若鹜,为什么?我们看看那些知名品牌产品的细节之处便知原因:POLO皮包始终坚持"一英寸(2.54厘米)之间一定缝满8针"的细致规格,这份近乎执拗的认真精神令人动容,也使得它在皮包行业一直是佼佼者;瑞士的顶级钟表都是工匠一个零件一个零件地打磨而成。钟表工匠对每一个零件、每一道工序、每一只钟表都精心打磨、细心雕琢。工匠们的眼里，唯有对质量的精益求精、对完美的孜孜追求、对细节的一丝不苟……它们的成功，都是在那些毫不起眼的细节处抓住了消费者的心，并赢得了好口碑。倘若是偷工减料、敷衍糊弄，那么做出来的东西就可能会存在质量问题，白白毁掉一个好品牌。

做人和做品牌是一样的，要追求精雕细刻的品质，对于微小的细节，也不能轻易放过，要把严谨、认真的态度贯彻在所做的每一个环节、每一件事情上。

伟大的雕塑家加诺瓦在即将完成一项杰作时，有个朋友在旁边观摩。加诺瓦的一刻一凿，看起来是那么漫不经心，朋友就以为他是故意在做样子给自己看。加诺瓦看出了朋友的心思，告诉他："在外人看来，这看似不起眼的几刀，好像没什么，但正是这一刻一凿才把拙劣的模仿者和真正大师的技艺区分开来。"

世上多少令人惊叹的发现，都是在一些小小的细节中获得的，多少天才也正是留意到了、把握住了这些细节，才使得他们不同寻常。若说成功有什么奥秘的话，那就在于以乐观积极的态度过好每一天，处理好每一件事情中的每一处细节。只有认真、用心的人，才能赢得机遇；珍视细节，就是在珍视一个个美好的机遇、一个个成功的阶梯。

第九章 抠细节，增加斗争胜率

## 细节出成就

泰山不让土壤，故能成其大；河海不择细流，故能就其深。万事之始，事无巨细，很多东西看似微不足道，却能带来一系列的连锁反应，决定事情的成败。任何伟大的事业，都是聚沙成塔、集腋成裘的过程；任何经久不衰的艺术品，都是精雕细琢、反复打磨后的结果。谁能坚持不懈地把细节做到完美的境界，谁便能成为了不起的人。

戴维是法拉第的老师，两人共同在英国皇家学院工作。当时，奥斯特发现导线上有电流通过时，导线旁的磁针就会发生偏转，皇家学会的一位名叫沃拉斯顿的会员很机敏，他想："既然电能让磁动，磁能否也让电动呢？"带着这个疑问，他找到戴维，想共同做一个实验。

实验是这样的：在一个大磁铁旁边放一根通电导线，看它会不会旋转？结果，导线未动，戴维和沃拉斯顿就认定，磁无法让电动，今后也没再提起此事。两人算得上皇家学院里的权威人物，他们实验的失败，让很多人也确信了那个结论。但是，默默无闻的法拉第却不这么想，事后他开始独自跑到实验室里重新尝试，结果也失败了，且不止一次。

一天，法拉第在河边散步，看见一个孩子划着一只竹筏，巨大的竹筏被一个不到10岁的孩子自由调动。这样的情景，让法拉第茅塞顿开，他认为那根导线之所以不能转动，是因为拉得太紧！他赶紧跑回实验室，在玻璃缸里倒了一缸水，正中固定了一根磁棒，磁棒旁边漂一块软木，软木上插一根铜线，再接上电池。就是这样的一个细节变化，实验成功了。

回头看戴维和沃拉斯顿，他们的失败无疑是过于粗心，没有在失败后进行细致的反思。法拉第能做成这个实验，主要赢在了细致入微上。他是订书工出身，又受过美术训练，养成了注重细节的习惯。他有每天记日记的习惯，每次实验无论成功还是失败，都会记录在案，且会记录任何小事的发生。

查尔斯·狄更斯在《一年到头》里写道："什么是天才？天才就是注意细节的人。"没有与生俱来的巨匠，几乎所有的成功者都有重视细节的态度，他们总能发现与众不同的东西，或是完成别人无法完成的任务，抵达别人难以逾越的高度。

人生目标是不断积累的过程，绝不是一蹴而就的。工作中没有任何一个细节，细到应该被忽略。就算是从事同一项工作，不同的人也会有不同的体会和成就。不拘小节在性格上也许是好事，但在工作上却不值得提倡。不屑于细节的人，做事永远是懒散消极的，而专注于细节的人，则会利用小事熟悉工作内容、加强业务知识，增强自己的判断力和思考能力。

## 第九章 抠细节，增加斗争胜率

约翰·布勒20岁进入美国通用汽车，入职后的第一件事，就是对工厂的生产情形做全面了解。他知道，一部汽车由零件到装配出厂，大约要经过10个部门的合作，而每个部门的工作性质都不同。当时，他就在想：既然想在汽车制造业里做出成绩，那必须得对汽车的全部制造过程有深刻的了解。为此，他主动申请从最基层的杂工做起。

杂工不属于正式工人，没有固定的工作场所，哪儿有需要就去哪儿。这份工作让约翰有机会跟工厂的各部门接触，对各部门的工作性质有一个初步的了解。做了一年半的杂工后，约翰申请到汽车椅垫部。很快，他就把制椅垫的工艺学会了。后来，他又申请调到焊接部、车身部、喷漆部、车床部等处工作，不到五年的时间里，他几乎把工厂的各种工作都做了一遍。最后，他又决定申请回到装配线上。

对约翰的举动，身边的朋友不解，毕竟在通用工作五年了，一直做的都是焊接、刷漆、制造零件等小事，担心他误了前途。约翰并不担心，他解释说："我不急于做某一部门的领导，我以领导整个工厂为目标，所以必须得花点时间了解整个工作流程。我现在做的就是最有价值的事情，我想知道整辆汽车是如何制造的。"

当约翰确认自己具备管理者的能力时，他决定在装配线上做出点成绩。由于在其他部门待过，他懂得各种零件的制造情形，也能分辨零件的优劣，为装配工作带来了很大的便利。没过多久，他就成了装配线上最出色的人物，从晋升为领班，到晋升为15位领班的总领班。

罗马不是一天建成的，我们要做的，是专注于建造罗马的每一天。要实现卓越的人生，就要从无数琐碎、细致的小事做起，不断地积累、完善、提升。在竞争日益激烈残酷的今天，任何细微的东西都可能成为决定成败的因素。

## 细节决定成败

正如一条铁链是由无数铁环组成的一样，每一件事情也由无数个小的细节组成。那些看似普普通通却十分重要的细节，处理得好会产生巨大的作用，使你走向成功的目的地；而一旦忽视这些细节，你将饱受失败的痛苦。正如铁链，无论其中哪一个铁环断掉，整条铁链也就失去作用。

人类航天事业的发展史上有很多这样的例子。1969年7月21日，通过火箭发射、绕月飞行、登月舱与指令舱分离、着陆等多个环节的密切、严谨配合，人类首次踏上月球，实现人类对月球的实地考察。而17年后的1986年1月28日，挑战者号航天飞机在升空73秒后却爆炸解体，机上的7名宇航员全部遇难，引起事故的原因仅仅是飞船右侧固态火箭推进器上面的一个O形环失效。

航天飞机如此，宇航员也有很多细节决定成败的例子。加加林作

## 第九章 抠细节，增加斗争胜率

为第一个进入太空的地球人，能从众多候选宇航员中脱颖而出，原因是多方面的，但每次进入飞船时为了不带进一丝尘埃而脱鞋的举动无疑帮了他不小的忙。而筛选时的1号种子选手（加加林原为3号，2号是季托夫），宇航员邦达连科却因训练结束后随手将擦拭传感器的酒精棉球扔到了一块电极板上，引起船舱起火，自己被严重烧伤后不治身亡。

加加林的脱鞋举动虽然只是工作中的一个小细节，但这个细节却能折射出一个人的严谨与敬业精神，以及对所从事工作的无比热爱，这也是飞船主设计师科罗廖夫对他产生好感并最终力荐的原因。加加林因为注重细节，成为世界上第一个进入太空的宇航员；邦达连科因为没有注重细节，成为人类航天史上第一名有记载的牺牲者。正所谓：成也细节，败也细节。

可能有人会说，航天业是一个特殊的行业，宇航员也是一种特殊的职业，自己作为一名普通人，无须如此严谨，也无须注意这样那样的细节。这样想的话，那你真的错了！须知我们现在所熟知的名人、伟人，原本也只是普通人、平凡人，只因他们关注了我们未关注到的细节，做了我们未曾注意到的一件件小事，并经过持之以恒的努力，加上准确把握机遇才变得不平凡、不普通。这不是夸大其词。引发牛顿思考万有引力的是砸在他头上的一颗苹果；瓦特发明蒸汽机是从火炉上一次次被顶起的壶盖中获得灵感；张瑞敏入主海尔后制定的第一条制度是"不许随地大小便"；阿基伯特作为美国标准石油公司的第二任

## 斗争决定成败

董事长，最初被上司注意是因为他"每桶4美元"的签名；美国福特公司名扬天下，可谁又能想到该奇迹的创造者福特当初进入公司的"敲门砖"竟是"捡废纸"这个简单的动作！

这说明不管是科学研究还是人生职场，成功都有一个从量变到质变的过程。也许你只是一名普通士兵，每天做的工作就是队列训练、战术操练、巡逻排查、擦拭枪械；也许你只是一名饭店服务员，每天的工作就是对顾客微笑、回答顾客的提问、整理打扫房间；也许你只是一名办公室小职员，每天从事着最简单、最基础的工作，或是复印扫描文件一上午，或是打电话一整天，琐碎而又繁杂。有很多不懂，有很多无奈，工作缺少色彩，未来看不到尽头。但谁的职场不是这样开始？谁的青春不曾迷茫？同样是小事、细节，有的人却能做出不一样的成绩。

野田圣子出身望族，父亲野田卯一历任经济企划厅长官、行政管理厅长官、建设大臣等要职。1985年，野田圣子进入东京帝国饭店工作，但没想到上司竟安排她去打扫厕所。心理作用使她几欲作呕，本想立即辞去这份工作，但倔强的个性使她又不甘心自己刚刚走上社会就败下阵来。就在她思想十分矛盾的时候，酒店里一位老员工出现在她面前，不声不响地为她做示范，一遍又一遍地擦洗马桶，随后又从马桶中盛出一杯水一饮而尽。野田圣子深受震动，暗下决心，即使一辈子洗厕所，也要洗出成绩来。此后，野田圣子发奋图强，精益求精，成功地开启了精彩人生的第一步。1987年，野田圣子当选为岐阜县议会议员，是当时最年轻的县议员。1998年7月担任小渊惠三内阁的邮政大臣，是日本最年轻阁员。此后，她历任内阁府特命担当大臣、自民党总务会长、总务大臣、众议院预算委员长等职务，成为日本著名的女性政治家。

讲这个故事绝不是提倡大家都去喝马桶水，而是野田圣子所体现的愿意做小事，把细节做到极致的敬业精神。我们不乏志向宏大、想做大事的人，但愿意做小事，并把小事做细的人少之又少。面对小事、烦琐的工作，我们总觉得"屈才"，觉得"英雄无用武之地"，于是就"做一天和尚撞一天钟"，再到后来连撞钟的气力也没有了，还引出了许多不愉快。殊不知，"合抱之木，生于毫末；九层之台，起于累土；千里之行，始于足下"。伟业固然令人神往，但构成伟业的却是许许多多毫不起眼的细节。只有改变心浮气躁、不求甚解的毛病，脚踏实地，从小事做起，做好每一个细节，才有可能成就伟业。

细节同时也能改变一个人的性格。注意细节的人往往做事谨慎，言行举止都很小心，经常注意自己的各种行为，这就使他能在社会中立足，在人群中树立威信，能交到更多的益友，从而形成良好的人际关系。反之，一个不注意身边细节的人做每一件事都会出现遗漏与错误，导致问题频发，事业失败。

"一只蝴蝶在南美洲亚马孙流域的热带雨林扇动翅膀，两周之后美

斗争决定成败

国的得克萨斯州将面临一场龙卷风袭击。"这就是气象学上有名的"蝴蝶效应"。把它推广到人生处世哲学中，可以得出一句话——细节决定成败。

## 小事不能小看

1%的错误会带来100%的失败！这就好比烧开水，正常情况下，99℃就是99℃，如果不再持续加温，是永远不能成为滚烫的开水的。所以我们只有烧好每一个平凡的1℃，在细节上精益求精，才能真正达到沸腾的效果。小事不可小看，细节彰显魅力。如果每个人都热爱自己的工作，每天就会尽自己所能力求完美。而如果我们关注了细节，就可以把握创新之源，也就为成功奠定了坚实的基础。

### 1.成功源于一点一滴的积累

一个人，要想获得成功，从平凡走向卓越，就必须拥有对目标坚持不懈的恒心和强大的意志力。那些伟人之所以能创造出伟大的事业，凭借的正是持之以恒的毅力。

马克思整整花费了40年的心血，才完成了巨著《资本论》；伟大的德国文学家歌德创作《浮士德》，用了50年的时间；中国古代医药学家李时珍为了写《本草纲目》，经历了30年的跋山涉水；大书法家王羲之经年累月苦练书法，成就了"天下第一行书"的盛名；著名科学家、气象学家竺可桢坚持每天记录天气情况，记录了38年零37天，其间没有一天间断，直到他去世前的那一天；著名作家巴尔扎克为了创作他的小说，在深夜的街头等着从舞会里出来的贵妇人；美国作家马克·吐温更是把自己积累素材的日记称之为油料箱；发明家爱迪生在1000多次失败的实验后才发现钨丝最适合做灯泡的灯丝，那么，他之前的每一次失败有什么价值呢？爱迪生自己给出了最好的答案："我至少发现了1000多种不适合做灯丝的材料。"爱迪生告诉我们，以前的失败只是前进道路上的障碍和陷阱，每一次跌倒，我们都可以从中汲取教训，避免以后犯同样的错误。从这个角度来说，失败并不是一件坏事。"失败是成功之母"道理也如此。

然而，这种持之以恒的毅力不是天生得来的，它需要在日积月累的坚持中慢慢磨炼而成，尤其是对于还不成熟的人来说，持之以恒更需要在日常生活的许多细节中慢慢培养。要知道，成功不是一朝一夕可以获得的，只有每天前进一步，才能逐渐靠近自己的目标。

著名学者钱钟书在清华大学读书时，为了更广泛地汲取知识，为自己制定了"横扫清华图书馆"的目标，要读尽清华藏书。在这个目标的激励下，他勤学苦读，笔耕不辍，最终成为著名作家。

在生活和学习中，我们应该把远大的目标分解成眼前的每一天应该完成的任务。我们要尽量保持一颗"平常心"，要设计好明天的宏伟目标，更要走好今天的每一步；应该每天都要努力向前，抓紧平时的一点一滴，才能积累出最后的辉煌。

而恒心与意志力是造就成功的关键品质。有时候，超人的意志和决不放弃的精神甚至能创造奇迹。

当然，要做到不轻言放弃，我们还需要正确地认识失败和挫折。

## 2. 斯坦门茨价值一万美元的一条线

20世纪初，美国福特公司正处于高速发展时期，一个个车间、一片片厂房迅速建成并投入使用。客户的订单快把福特公司销售处的办公室塞满了，每一辆刚刚下线的福特汽车都有许多人等着购买。突然，福特公司一台电机出了故障，整个车间几乎都不能运转了，相关的生产工作也被迫停了下来。公司调来大批检修工人反复检修，又请了许多专家来察看，可怎么也找不到问题出在哪儿，更谈不上维修了。福特公司的领导懊恼不已，别说停一天，就是停一分钟，对福特来讲也是巨大的经济损失。这时有人提议去请著名的物理学家、电机专家斯坦门茨帮助，领导宛如抓住了救命稻草，急忙派专人把斯坦门茨请来。

斯坦门茨仔细检查了电机，然后用粉笔在电机外壳画了一条线，对工作人员说："打开电机，在记号处把里面的线圈减少16圈。"人们照办了，令人惊异的是，故障竟然排除了！生产立刻恢复了！

福特公司经理问斯坦门茨要多少酬金，斯坦门茨说："不多，只需要1万美元。"1万美元？就只简简单单画了一条线！当时福特公司最著名的薪酬口号就是"月薪5美元"，这在当时是很高的工资待遇，以至于全美国许许多多经验丰富的技术工人和优秀的工程师为了这5美元月薪从各地纷纷涌来。1条线，1万美元，一个普通职员100多年的收入总和！斯坦门茨看大家迷惑不解，转身开了个清单：画一条线，1美元；知道在哪儿画线（涉及如何观察、分析问题、判断问题和正确地运用知识与逻辑，而画线是这一系列工作之后的最后一件小事，在日常事务中若解决问题时搞错了方向，问题是永远得不到解决的，会一直作为问题并存在着，若找对了方向，解决它可能就是一瞬间和一个简单的买入或卖出动作而已），9999美元。福特公司经理看了之后，不仅照价付酬，还重金聘用了斯坦门茨。

是的，画线是人人都能做到的，知道应该在哪里画线却是极少数人才具备的才能。许多人常常抱怨自己的待遇和收入太低，却很少在心底问过自己是否具备获取高报酬的本领。这故事原本说的是知识的价值，如果换个角度来说，就是决策的结果很简单，但决策的过程很复杂，需要人们做大量深入细致的调查研究。以此例来说，为什么要在此处而非在彼处画线？为什么是减去16圈，而不是减去15圈或17圈？可以说，决策正确显本事，细微之处见功夫。决策的过程是一个从细节中来、到细节中去的过程。

麦当劳进驻中国前，连续5年跟踪调查，内容包括中国消费者的经济收入情况和消费方式的特点，提前4年在中国东北和北京市郊试种马铃薯，根据中国人的身高体形确定了最佳柜台、桌椅和尺寸，还进行了大量的口味试验和分析。开首家分店时，在北京选了5个地点反复论

斗争决定成败

证、比较，最后一炮打响。

这就是细节的魅力。有多少餐饮企业在开业之前做过如此深入的市场研究？正如《细节决定成败》一书的作者汪中求所说，我们绝不缺少雄韬伟略的战略家，缺少的是精益求精的执行者；绝不缺少各类规章、管理制度，缺少的是对规章制度不折不扣的执行。好的战略只有落实到每个执行的细节上，才能发挥作用。

## 细节也是一种创造

现代管理学之父彼得·德鲁克说："行之有效的创新，在一开始可能并不起眼。"细节的力量有时是不可估量的，虽然细小，但正是它们积蓄了生活和历史的进步和倒退。

细节不只是一种生活态度，有时改进细节就是创造。

番茄酱是日本人最爱吃的调味品之一，销量非常大，竞争也十分激烈。可果美公司与森永公司是两家最具竞争力的公司，长期以来，两家一直为争夺更大的市场占有率而"明争暗斗"。森永公司的番茄酱质量与可果美的一样，广告宣传甚至比可果美还多，但销量却不及可果美的一半。森永公司老板百思不得其解，该公司的一名推销员提出建议：将番茄酱的包装瓶口改大，大到足以把汤匙伸进瓶里，易于消费者方便地取出番茄酱。老板立刻采纳并付之生产，结果非常成功，销量急剧增加。不到半年时间，森永公司的销量便超过了可果美。一年后，森永公司的番茄酱占领了日本大部分市场。

森永公司的成功之处就在于考虑到了包装物对消费者使用商品的方便性。包装物的方便性功能对商品销量是一个至关重要的因素。

日本的东芝电器公司在1952年前后曾一度积压了大量的电风扇卖不出去。7万多名员工为了打开销路，费尽心思，依然进展不大。有一天，一个小职员向公司领导提出了改变电风扇颜色的建议。当时全世界的电风扇颜色都是黑色的，东芝公司生产的电风扇也不例外。这个小职员建议把黑色改为浅颜色，这一建议引起了公司领导的重视。经过研究，公司采纳了这个建议。第二年夏天，东芝公司推出了一批浅蓝色电风扇，大受顾客欢迎，市场上还掀起了一阵抢购热潮，几个月之内就卖出了几十万台。

这一事例告诉我们，只是改变了一下颜色这种小细节，就开发出了一种面貌一新、大为畅销的新产品，使整个公司渡过难关。这一改变颜色的设想，其经济效益和社会效益何等巨大！

而提出这一设想，既不需要渊博的科学知识，也不需要丰富的商业经验，为什么东芝公司其他几万名员工就没人想到，没人提出来呢？

为什么日本及其他国家的成千上万的电器公司，在长达几十年的时间里，竟没人想到呢？自有电风扇以来，它的颜色就是黑色的。虽然谁也没有作过这样的规定，而在漫长的生产过程中已逐渐形成为一种惯例、一种传统，似乎电风扇只能是黑色的，不是黑色的就不称其为电风扇。这样的惯例、这样的传统反映在人们的头脑中，便成为一种根深蒂固的思维定式，严重地阻碍和束缚了人们在电风扇设计和制造上的创新思考。

很多传统观念和做法，有它们产生的客观基础，而得以长期存在和广泛流传，也有其自身的根据和理由。一般来说，它们是前人的经验总结和智慧积累，值得后人继承、珍视和借鉴。但也不能不注意和警惕：它们有可能妨碍和束缚我们的创新思考。

以细节为突破口，改变思维定式，你将步入一个全新的境界。一些细节，因其微小被人们忽略了，然而却造成了大问题，带来了大麻烦。一些聪明人善于从细节做起，从而使局面得到很大的甚至是彻底的改观。

我们的思维往往都是被一些固守的经验主义束缚着的，有时很不容易去撕破束缚，要做到超越这些旧的思维模式，使自己拥有一颗始终能创新的脑袋，就得具备超脱的思想意识、精细的思维设计能力、果敢的自信心，以及敏锐的洞察分析能力。

具备这些，你就能随时发现可供你创新的条件，这样，你在这个充满着激烈竞争的环境里就会领先和超越，处于弄潮儿的位置上。

第九章 抠细节，增加斗争胜率

成功者之所以成功，并非他们在做多么伟大的事情，而在于他们不因为自己所做的是小事而有所倦怠和疏忽，在于他们能看到别人看不到的细节。伟大的成就来自细节的积累，无数的细节就能改变生活。我们唯有在把握细节中预约精彩，在研究细节中积淀智慧，才能在实践细节中走向成功！

## 处处留心皆学问

爱默生说，细节在于观察，成功在于积累。仔细观察工作生活中的微小事物，并对其进行理性思考，就是事业及人生的成功秘诀。

古代蜀地非涝即旱，有"泽国"之称，蜀地人民世世代代同洪水做斗争。秦惠文王九年（公元前316年），秦国吞并蜀国。为了将蜀地建成其重要基地，秦国决定彻底治理岷江水患，秦昭王派精通治水的李冰担任蜀地太守。

李冰到蜀地后，亲眼看到当地灾情的严重：发源于成都平原北部岷山的岷江，两岸山高谷深，水流湍急；到灌县附近，进入一马平川，水势浩大，往往冲决堤岸，泛滥成灾；从上游挟带来的大量泥沙也容易淤积在这里，抬高河床，加剧水患；特别是在灌县城西南面，有一座玉垒山，阻碍江水东流，每年夏秋洪水季节，常造成东旱西涝。李冰到任不久，便开始着手进行大规模的治水工作。

斗争决定成败

治水首先需要筑堰,可是筑堰的方法实验了多次,都失败了。有一天,李冰到山溪里查看地势,发现有一些竹篓,里面放着要洗的衣服。李冰大受启发,他让人编好大竹篓,装进石块,再把竹篓连起来,一层一层放到江中,在江中堆起了一道大堰,两侧再用大石加固,笼石层层累筑,既可免除堤埂断裂,又可利用石块间空隙减少洪水的直接压力,从而降低堤堰崩溃的危险,一道牢固的分水堰终于筑成了。

这就是著名的水利工程"都江堰"。机遇只偏爱有准备的头脑,李冰正是因处处留心才建成了都江堰。几千年来,该工程为成都成为"天府之国"奠定坚实的基础,李冰父子也永远被后人铭记。

留心细节不但要会观察,还需要将观察到的东西进行思考、总结,上升为理论成果或应用到实践中去,这就需要在工作中多想几步。

爱若和布若差不多同时受雇于一家超级市场,开始时大家都一样,从最底层干起。可不久爱若受到总经理的青睐,一再被提升,从领班直到部门经理。布若却像被人遗忘了一般,还在原地踏步。终于有一天布若忍无可忍,向总经理提出辞呈,并痛斥总经理用人不公平。总经理耐心地听着,他了解这个小伙子,工作肯吃苦,但似乎缺少了点什么,缺什么呢?

"布若先生,"总经理忽然有了个主意,"请您马上到集市上去,看看今天有什么卖的。"布若很快从集市回来说,刚才集市上只有一个农夫拉了一车土豆卖。"一车大约有多少袋？"总经理问。布若又跑去，回来说有10袋。"价格多少？"布若再次跑到集市上。总经理望着跑得气喘吁吁的布若说："请休息一会吧，你看看爱若是怎么做的。"

说完总经理叫来爱若，并对他说："爱若先生，请你马上到集市上去，看看今天有什么卖的。"爱若很快从集市回来了，汇报说到现在为止只有一个农夫在卖土豆，有10袋，价格适中，质量很好，他带回几个让总经理看。这个农夫过一会儿还将弄几筐西红柿，据他了解价格还算公道，可以进一些货。这种价格的西红柿总经理可能会感兴趣，所以他不仅带回了几个西红柿样品，而且还把那个农夫也带来了，他现在正在外面等回话呢。

旁边静听的布若涨红了脸。

人与人的差距，更多体现在思想方法上，虽然初始时就那么一点点，但日积月累就越拉越大，所以发现差距及时总结，方能迎头赶上。

人要善于观察、学习、思考和总结，仅仅靠一味地苦干，埋头拉车而不抬头看路，结果常常是原地踏步，明天仍旧重复昨天和今天的故事。

成功需要很高的悟性与洞察力，面对差距和挑战，及时调整心态，增强自己的独立思考、随机应变的能力。

第十章
# 拒平庸，焕发斗争神采

第十章　拒平庸，焕发斗争神采

## 有勇气再试一次

1997年4月23日，试飞员李中华踏上俄罗斯的土地。在去往俄罗斯国家试飞学院的路上，他在思考一个问题：如何向俄方表达自己想要试飞"眼镜蛇机动"动作的意图？

世界所有顶尖的飞行员，都希望能够亲自驾驭飞机完成"眼镜蛇机动"动作。所谓"眼镜蛇"，就是过失速机动动作。1989年6月在巴黎航展上，苏联著名试飞员维克多尔·普加乔夫第一次在全世界面前表演了"眼镜蛇机动"，震惊全场。

当时，俄罗斯只有几位资深试飞员能完成这个动作。李中华觉得，如果自己能够做到的话，不仅是飞行技术上的突破，也能够向世界证明，中国空军试飞员也可以达到外国试飞员能够达到的技艺和境界。

走进校长办公室，李中华受到了校长的热烈欢迎："中国勇士，你是我最出色的学生之一，这次回来想飞什么？"李中华非常坚定地说："飞'眼镜蛇'！"校长先是一惊，而后说道："好吧，我答应你，但你要知道，它充满了风险。"

在试飞"眼镜蛇机动"动作之前，李中华做了很多准备工作，他在两个月的时间里完成了苏-27的所有失速尾旋的试飞科目，这些高强度反常规的操作，不断考验着他的身体和意志的极限。终于，他等到了与"眼镜蛇机动"过招的那一天。

那天，李中华驾驶的苏-27战机飞向蓝天，在8000米指定空域，他一边默念操作程序，一边紧盯着速度表，开始有序地操作。一连串的动作完成后，机头猝然抬起，李中华被强大的重力加速度压向座位……他第一次顺利完成了"眼镜蛇机动"动作。

然而，对自己的表现，李中华并不是很满意。他发现，驾驶杆没有回到中立位置，导致飞机产生了偏转，而完美的"眼镜蛇机动"不应该有任何的偏转。再来一次！机身发生了反倒向偏转。此时，后座的俄罗斯资深试飞员喊道："危险，危险！"这是进入尾旋的前兆。

李中华早已做好了心理准备，他迅速将飞机控制住，第二次、第三次……第六次，一遍又一遍，他驾驶的飞机从高空8000米一直飞到1000米，"眼镜蛇机动"终于被他降服了。走下飞机后，俄罗斯的试飞员拍了拍他的肩膀说："祝贺你，完成'眼镜蛇机动'动作是飞行员至高无上的荣誉。从此以后，我们的飞机对你来说，没有秘密了！"

试飞是刀锋上的舞蹈，是一种残酷的科学。在这个充满危险的岗位上，李中华从未退缩过。在他看来，试飞员遇险不是什么新鲜事，平安无事才不可思议，和危险抗争搏斗，直至战胜它，是试飞员的使命和光荣。

曾经有人劝李中华换一个职业，他却说："假如有一天中国只剩下一个试飞员，那就是我——与死神20次掰手腕，我都赢了。只要科学加勇气，下次一定还会赢。"

很多人应对挑战时哪怕极少碰到生命危险也会选择退缩，将自己的碌碌无为归咎于生不逢时、没有机遇。扪心自问，你在遇到困难时是否秉持"再试一次"的心态？也许，多数人都是：考试不过关，干脆就放弃了；电话打不通，干脆就不打了；计划不成功，干脆就转行了；东西修不好，干脆就扔掉了……理由总是没希望，可真相却是，没有勇气和耐心再试一次。

有个青年到微软公司应聘，当时的微软并没有刊登招聘广告。看到总经理疑惑不解，青年用不太娴熟的英语解释说，自己刚巧路过这里，就贸然进来了。总经理觉得挺有意思，就破例让他试一试。面试的结果不太理想，青年表现得很糟糕，他跟总经理说，是自己事先没有准备好，才会出现这样的状况。总经理觉得，这不过是一个托词罢了，就随口说了一句："那就等你准备好了再来试吧！"

按照常人的思维来想，这个人恐怕多半是不会再来了。可是，万万没想到，一周以后，这个青年再次走进了微软公司的大门。不过，这次他还是没有成功，总经理给出的回答和上次一样："等你准备好了再来试。"

知道吗？这个青年真的先后五次踏进微软公司的大门，他根本不介意别人会怎么看，而是一次次地完善，等待被认可，被接受。终于，到了第五次的时候，微软录用了他。

扪心自问，你有没有为了一份心仪的工作，先后去同一家公司面试五次？是不是在一次被拒绝后，就放弃了呢？你有没有为了一位客户，先后去拜访他五次？是不是也在第一次被拒绝后，就将其放进了黑名单？你有没有为了一个职位，先后去争取五次？是不是在一次被否定后，就灰心沮丧甚至想到另谋高就了呢？

要知道，越是追求卓越，需要付出的努力就越多，同时要承受的失败也越多。在这样的时刻，就需要有"再试一次"的决心和胆量，坚持再坚持。一次又一次之后，哪怕你还没有抵达成功的彼岸，你也一定在此过程中得到了提升。斗争精神，是永不言败的精神，是不断追求进步，是敢于接受打磨，在探索中拥抱灿烂和辉煌。

## 作斗争需要"三头六臂"

我们解决在工作中遇到的问题，往往靠单一的手段、单一的知识，而现实是，问题越来越具复杂性，要想很好地解决，需要复合的知识和手段。这就要求我们必须是一位多面手。

## 第十章　拒平庸，焕发斗争神采

负责销售的人，如果完全不懂产品，肯定卖不好产品。现代产品的技术含量越来越高，掌握产品特性的难度也随之增大，销售人员不能仅仅是"略懂"，而是要"非常懂"才行。反过来，做产品的人，如果完全不懂市场，不懂销售的原理，做出来的产品不符合市场需求也是不行的。所以，成为卓越的人难就难在要把多种才能集于一身，即所谓的"才干复合"。

在过去的几十年时间里，硅谷培育出了众多优秀的公司，这里也形成了独特的管理者文化。当人们总结硅谷管理者文化的时候，总是要说一句："在硅谷，那些最优秀的管理者往往都是多面手。"

艺多不压身，我们千万不能教条化，认为专业化就是最好的，是通往成功的唯一途径。对于平庸的人来讲，或许是这样的，如果他能在自己的专业上做到最好，那他就是最优秀的员工。可是对于一个具有斗争精神的人来说，他需要成为一个"通才"，不断超越自己。

传奇的专家型通才巴克敏斯特·富勒说："我们的这个时代，往往认为越专业就越有逻辑性和可取性，但与此同时，人们似乎失去了综合理解能力。过度地追求专业化，对于管理者尤其不利，会让他们产生孤立、徒劳和困惑的感觉。而过度专业化在某种程度上也在磨灭个体的思考，更容易使管理者形成偏见。"

职场教练埃米莉·瓦普尼克在她的《遍尝人生》一书里，也提出了一个非常重要的概念——"多项潜能者"。埃米莉·瓦普尼克认为：在如今这个日新月异的年代，能够整合不同领域、适应力强的通才，要比专才更适合成为管理者。因为通才能够使用不同领域的知识和技能，深入了解不同领域的关系，这使得他们形成了独特的"专业能力"。

一般来讲，通才需要具备三种能力：

- 融会贯通的能力

有些人学东西，看山就是山，看水就是水。在他们眼里，山水是不相容的。

实际上，这就是缺乏融会贯通的能力。学习的时间很宝贵，在学习中如果能够做到举一反三，就相当于用一份时间，学习到了一个知识的三种形态，可以极大地提高学习效率。

融会贯通的根本在于联想，即学会用一种知识去解释另一种知识。

学习历史时，我们会发现有几个地方总是在打仗，如山海关。如果只是单纯地学习历史，我们只能学到"山海关是军事重镇"这么一个知识点。至于它为什么是军事重镇，在历史学习中是找不到答案的。

然而，在学习中国地理的时候，我们却能够找到谜底。看到燕山山脉的延续走向，你会发现，燕山山脉横在东北地区与北京之间，一支古代军队想要穿过茫茫群山直接攻打北京，是不可能的事。唯有山海关那个地方，有一条天然的进京路线，所以大部队想要攻打北京，必须先要经过山海关。所以，山海关才能成为历史上的军事重镇。

通过这个小例子，我们可以得到两个启示：

首先，就算是解决你所处领域的专业问题，有时也需要一些其他的知识作为补充。

其次，想要让两种知识相互之间产生联系，一定要发挥联想的作用。在认识新事物的时候，要把它和更多其他领域的认识联系到一起，这样不仅能够加强我们融会贯通的能力，也能够加深我们对具体事物和普遍规律的认识。

● 多任务切换的能力

在管理的过程中，我们经常会发现这样的规律：交给某人一个任务后，中途千万不要再让他做其他事，否则的话，哪一件也做不好。也就是说，这类人只能适应单一任务。

我们不断与问题、挑战进行斗争的工作性质，决定了必须要进行多任务处理。很简单，当你在做一件事情的时候，一会儿员工过来请示问题，一会儿老板给你布置一个新任务，一会儿其他部门的同事过来协商工作……很多时候不可能有条件只做单一的任务。

如果想成为通才，一定要培养在各任务间灵活切换的能力，不断加强适应环境变化的能力，更要能随机应变地解决问题。

● 包容的能力

一个人能够学习不同领域的知识，首先是因为他不排斥自己专业外的其他知识。但很多人不是这样，我们在生活中经常会发现一些"鄙视链"——学哲学的鄙视学数学的，学数学的鄙视学物理的，学物理的鄙视学天文的……如果你也在这个鄙视链里，那就说明，你在排斥自身专业外的其他知识，缺乏"包容性"。

这不是好的习惯，会让你丧失成为通才的心理基础。对于任何知识，我们都要多一些包容，不要因为一些刻板的偏见，否认某种知识存在的合理性。这不仅是对中层管理者的要求，也是对每一个人的要求。

对于专才与通才，从同一个浅层维度来讲，专才解决事情的能力更强。可是，一旦通才融会贯通各领域的知识，架构起领域间的底层逻辑系统之后，就会因为量变产生质变，上升到专才难以企及的高度去看待问题。我们要努力想办法成为通才，给自己一个站在更高点的机会。

## 让自己成为问题"粉碎机"

> 每一个人都应该有这样的信心：人所能负的责任，我必能负；人所不能负的责任，我亦能负。如此，你才能磨炼自己，求得更高的知识而进入更高的境界。——林肯

美国第33任总统杜鲁门，是美国20世纪唯一一个没有读过大学的总统，但他的学识和智慧却不逊色于任何人。他在白宫任职时，在椭圆形总统办公室的书桌上，一直摆放着这样一句座右铭：The bucks stop here，意即"水桶到此为止"。

杜鲁门推崇这句箴言，其实是有典故的。英国人刚踏上美洲的时候，有一个传统：如果水源离生活区有一段距离，大家就会排成队，以传递水桶的方式把水运到生活区来。后来，这句话的意思被引申，

就成了"把麻烦传给别人",意指推诿。

作为一个有担当的人,杜鲁门自然很不屑于这样的处事作风,他贴上这样一张字条,是在提醒自己和周围的人:当问题发生的时候,不要试图去找替罪羊,要积极地寻找解决之道,让问题到自己为止。

现代的职场人,也应当具备"有担当,负责任"的态度,拿出一种"迎难而上,不达目的不罢休"的钉钉子精神。困难来了,麻烦来了,不要总想着逃避推脱,你推我、我推你只会让困局变得更棘手。只有拿出突破困境的勇气,扛起一份沉重的责任,才有可能在压力中释放潜能,在庸碌的人群中凸显不俗。

一家做直销品的公司,产品质量很好,销路也不错,唯独经营方面缺乏经验,时常是产品卖出去了,货款却收不回来。公司的一位大客户,半年前买了10万元的产品,但总以各种理由推脱着不肯付款。

对这样的情况,公司只好不停地派业务员去追账。第一次,是业务员A去的,碰了一鼻子灰,客户没给他好脸色,说产品销量一般,搞不好还得退一部分的货,让A过一段时间再来。A知道这位大客户很重要,心想着:反正也不是欠我的钱,公司也不缺这点儿钱,过段时间再联系吧!

看到A无功而返,公司又派业务员B去讨账。情形和第一次差不多,客户的态度依然是不配合,但没有开始时那么理直气壮了,而是委婉地告知,这段时间资金周转困难,希望能得到理解,说等资金到位了一定还钱。见对方都这样说了，B也不好意思死缠烂打，只好暂时作罢，回了公司。

无奈之下，公司只好再派业务员C去讨账。C比较倒霉，前两位业务员刚刚催过客户，他这么快又出现，客户有些生气了，刚见面C就被指桑骂槐地训斥了一通，说公司三番五次来逼账，摆明了就是不信任他，这样的话以后就没法合作了。

C是一个沉稳的人，没有被客户的软捏硬逼吓退，而是见招拆招，想办法与之周旋。客户知道磨不过这位不愠不火的业务员，只好同意给钱，当即开出一张10万元的支票给对方。C很高兴，以为大功告成了，却没想到，到了银行取钱时被告知，账户里只有99910元。原来对方耍了一个花招，故意给出一张无法兑现的支票。

眼见就要到年底了，若还不能及时结款，又不知道要拖到什么时候，怎么办呢？碰到这样的情况，很多人可能会拿着支票，到老板那里诉说对方的不靠谱，但C没有那么做，他知道此时此刻，说什么都没有用，想办法拿到货款才是正事。既然出了问题，就不该再把问题带回公司，尽量让它到自己为止。

突然间，C想到了一个点子。他自己拿出100元钱，把钱存到客户公司的账户，这样一来，账户里就有了10万元，他立即将支票兑了现。这件棘手的事情，总算圆满地解决了。

什么是斗争精神？业务员C的行为，就凸显着这种精神。遇到困难的时候，没有像前两位同事一样，把问题带给老板，或是转交给其他同事，而是竭尽全力地去想办法，他不觉得这是公司的事，将其视为自己的责任。

现实中，我们经常看到的是什么样的态度呢？碰到问题就找借口，说真的是没办法，所有办法都用过了，还是不行！三个字"没办法"，就成了不用继续努力的最佳理由。其实，是真的没有办法吗？非也！办法不是等出来的，而是想出来的，未曾好好动脑筋去想，自然不可能有办法。

卡内基曾经在宾夕法尼亚匹兹堡铁道公民事务管理部做小职员。有一天早上，他在上班途中看到一列火车在城外发生意外，情况危急，但此时其他人都还没有上班。一时间，他不知道该怎么办才好，打电话给上司，偏偏又联络不上。

怎么办呢？在这样的情况下，他深知，耽误一分钟，都有可能对铁路公司造成巨大的损失。虽然负责人还没到岗，但他也不能眼睁睁地看着。卡内基当即决定，以上司的名义发电报给列车长，要求他根据自己的方案快速处理此事，且在电报上面签了自己的名字。他知道，这么做有违公司的规定，将会受到严厉的惩罚，甚至遭到辞退，但与袖手旁观相比，这样的损失微不足道。

几个小时后，上司来到办公室，发现了卡内基的辞呈，以及他今天处理事故的详细报告。卡内基一直等着被辞退的决定，可一天

斗争决定成败

过去了，两天过去了，上司迟迟没有批准他的辞职请求。卡内基以为上司没有看到自己的辞呈，就在第三天的时候，亲自跑到上司那里说明原委。

"小伙子，你的辞呈我早就看到了，但我觉得没有辞退你的必要。你是一个很负责任的员工，你的所作所为证明了你是一个主动做事的人，对这样的员工，我没有权力也没有意愿辞退。"上司诚恳地对卡内基说了这样一番话。

不把问题留给他人，不把难题推给同伴，有一种死磕到底的韧劲儿，这就是职场中最缺乏的负责精神。对待工作中林林总总的问题，不要幻想着逃避，要让问题到"我"为止，做一个问题"粉碎机"。

## 处处是课堂，人人皆吾师

大约在1500年前，意大利佛罗伦萨有人采掘到一块质地精美的大理石。从自然外观上看，这块大理石很适合雕刻成一个人像，但是放置许久却没有人敢动手。有一位雕刻师，想冒险一试，可他只在后面打了一凿就放弃了，他深感自己无力驾驭，害怕浪费这块宝贵的材料。

直到有一天，这块大理石遇到了米开朗基罗，它才脱胎换骨，变成了精美的"大卫像"。令人遗憾的是，先前那位雕刻匠的一凿有点太重了，在大卫的背上留下了一点伤痕。对此，有人问米开朗基罗："是不是那位雕刻匠太冒失了？"

"不！"米开朗基罗说，"那位先生相当慎重，如果他冒失轻率的话，这块材料早就不复存在了，我的大卫像也就无法产生。这点伤痕对我来说，未尝没有好处，它时刻提醒我，每下一刀一凿都不能有丝毫的疏忽。在雕刻大卫的过程中，那位老师自始至终都在我的身边，提醒我要时刻保持警惕。"

米开朗基罗赢得他人的赏识和尊重，不只是因为他精湛的雕刻技艺，还有那份虚怀若谷的心态。虽然在众多知难而退、不敢挑战的同行中脱颖而出，但他的言谈举止中却没有流露出丝毫的骄傲；纵然那位技艺不如他的雕刻师给大卫像造成了美中不足的遗憾，他也没有一句指责和怨言，反倒肯定了对方的慎重，并从中汲取了经验教训，最终完成了举世瞩目的杰作。

米开朗基罗只有一个，可尊重他人、欣赏他人、学习他人的行事作风，却可以成为每个人的品行和素养。尤其是在工作中，善于向周围的人学习，不仅能使你在专业领域内得到提高，更能激发自我学习的动力。那些平庸又得不到重用的员工，几乎都是既看不到自身的不足，也不愿意承认他人的优秀，更缺少虚心向他人学习的精神和能力。

人的一生中，有70%的学习内容是在工作中获得，20%是从同事那里获得，10%是从专业培训中获得。要让自己从平凡走向卓越，就得善于学习，不能只盯着别人的缺点和错误，更要看到他人的优势，取其所长，避其所短。身在职场，值得你学习的人很多。

学习对象1：老板

每个人都有自己崇拜和欣赏的对象，只是很多时候，人们愿意崇拜和学习的总是那些距离自己很遥远的人，却忽略了近在身边的智者——老板，甚至有人在想起老板时，心里都是怨怼的情绪。可是，就在你抱怨老板学历低、素质低、背景差、脾气大、心眼小的时候，你有没有想过他身上的闪光点呢？

多少私企老板，白手起家，靠自己的本事实现了自己的梦想；多少国企老板，兢兢业业，凭自己的能力扭转了企业的命运，让千万员工免遭下岗失业的窘境，他们难道就没有值得学习的地方吗？

若问谁是企业里最有责任心的人，老板绝对排在首位。如果你能随时随地向他学习，你做事就会更尽心尽力，更有同理心和使命感，也更能得到老板的赏识与信任。

学习对象2：同事

每个人身上都有不同的优点，只要你用心寻找、虚心请教，总会发现一些能给自己提供帮助的东西。平时一定要多看多听，多向同事学习业务上的知识和经验，提高归纳总结和消化吸收的能力，把别人的东西迅速转化为自己的能力，最终运用到自己的工作中，才能进一步提升自己的整体实力。

学习对象3：客户

客户的每一次挑剔和拒绝，无疑都会给人带来些许的失落和沮丧。可从另一个角度来说，这也是一个自我批评和进步的机会，至少他让你发现了自身的不足，为你指明了学习和完善的方向。只要放平心态努力提升，受益最大的人终是自己。

学习对象4：对手

职场竞争向来激烈。每个人都渴望超越竞争对手，获得脱颖而出的晋升机会，可问题是，如何才能超越竞争对手？恶性的排挤打压自然是行不通的，即便靠卑劣的手段上位，待真相暴露后，势必会遭到老板和同事的唾弃。最可靠、最长久的胜出法则，就是向竞争对手学习，取人之长，补己之短。

"一叶障目，不见泰山"，这是职场晋升和自我完善的大忌。无论你现在身处什么职位，做出了什么样的成绩，都不要恃才傲物、狂妄自大。对自己的成就轻描淡写，以虚心的态度取他人所长，不仅能让你在职场赢得好印象，也能让你的学识越来越丰富，更能让你的人生越来越精彩。

## 苦中作乐方显英雄本色

吃苦受累，百不称心，才能养成坚忍的性格。

一个在私企上班的女孩子说："我看了《杜拉拉升职记》，觉得外企真好，出入高档写字楼，锻炼英语的工作环境，让人眼红的高薪报酬，还有各种吸引人的福利。老实说，我对现在的工作环境很不满意，如果有机会，我也想跳槽到外企……"

## 斗争决定成败

很多年轻人都认为，别人的生活比自己的好，比自己的容易：看到出入高档写字楼的外企白领，就觉得那才是真正的职场；看到有人做销售升职了，就觉得做营销才是成功的捷径；看到有人做房地产赚钱了，就觉得那才是高利润、高回报的行业；看到快消品公司人员满世界出差，在全国各地住五星级酒店，就觉得那样的工作才逍遥自在。

他们眼里看到的，永远都是别人风光得意的一面，却不知道那些"梦想的状态"并非像看到的那么简单。现实是这样的：一些销售总监为了争取一个客户，有时要在异地他乡待上好几个月，吃不好、住不好，家里的事情完全顾不上；一些看起来风光体面的白领，为了拿出更好的方案，有时一天只能睡三个钟头，绞尽脑汁想出来的东西，却还要面临着修改或重写的结局；一些做房地产的老板，身上背负着巨额的银行贷款，很多压力不知该向谁说。

世间没有任何事情是容易的，就像夜晚的萤火虫，你觉得微弱的亮光毫不起眼，可那也是拼命煽动着翅膀才能让人在夜晚的天空看见的光芒。没有不劳而获的美事，也没有从天而降的光环。香港工业界巨头蒋震先生说："成功没有秘诀，只要埋头苦干就行了。不要想一步登天，不要想一夜发达，只要按部就班、埋头苦干、全心全意做事业，个个都可以成功。"

许多人一方面向往着成功和荣耀，另一方面却又不想付出太多，他们为自己的人生画出了一条很浅的吃苦底线，总希冀着在安逸中就能攀登到别人无法企及的高度。细想想，这怎么可能呢？世间任何一种成功都不是唾手可得的,如果你不能吃苦、不敢吃苦、不愿吃苦,就不要埋怨平庸的现状,人应当为自己的选择和行为负责。

吃得苦中苦,方为人上人。这一真理,多少年来从未变过。

当代著名作家路遥创作《平凡的世界》的过程也一样充满了艰辛,他写道:"稿子完成的当天,我感到身上再也没有一点劲儿了,只有腿和膝盖还稍微有点力量,于是就跪在地板上把散乱的稿页和材料收拾起来。""在那苟延残喘的日子里,我坐在门房老头的那把破椅子里,为吸进去每一口气而拼命挣扎,动不动就睡得不省人事,嘴上像老年人一样吊着肮脏的涎水,只有熟人用好笑的目光打量我,并且正确地指出,写作是绝不能拼命的。而生人听说这就是路遥,不免为这副不雅相大惑不解:作家就是这个样子?作家往往就是这个样子,这是一种并不潇洒的职业,它熬费人的心血,使人累得东倒西歪,甚至像个白痴。"

一位获得世界长跑冠军的女运动员曾说:"运动员受的苦是常人难以想象的,为了取得好成绩每天都超负荷训练,每天跑150千米,每晚下来,全身疼痛难忍,十个脚趾没有一个好的,训练下来连吃饭都十分困难,吃进去吐出来,往返好几次,才咽一口饭。"她在长达六年的时间里,每天都是这样度过的,每天150千米,六年就是328,500千米,她没有假日,没有休息!要知道,那时的她也是一个青春妙龄女子,正是浪漫多情的时候,没有人知道她背后咽下的痛苦,人们看到的只是她充满信心、潇洒奔跑的样子。她的艰辛付出,她笑着吃的苦,最终让全世界都知道了她的名字：王军霞。

谁都知道，苦不是好滋味，可为了品尝到甜，就必须先吃苦，它是创造好成绩的必由之路，不是调味品，亦不是装饰物。当你嫌弃公司的待遇低，嫌弃工作太累的时候，你是否想过，自己为这份工作付出了多少？自己有没有充分体现个人价值？得到，永远是在付出以后。

名人的成功充满艰辛，普通人的成功也是如此。

苦，总是难以下咽的，却又是成功路上必需的养料。那么，这难吃的"苦"该怎么吃呢？

1. 用梦想激励自己

多年前的一首《水手》中唱道："他说风雨中这点痛算什么，擦干泪，不要怕，至少我们还有梦……"当你承受着巨大的压力、内心充满酸楚的时候，不妨想一想你心中的梦，权衡一下：是吃一点苦，还是放弃梦想，碌碌无为地过一生？

仔细地思考后，相信你很容易做出决定。与憧憬中的未来相比，眼前的一点苦真的不算什么。更何况，走在梦想路上，微笑着去付出、去吃苦的人有很多，大家同是普通人，别人能做到的，你也可以。

2. 正视你所遇到的苦

工作中少不了困难和阻碍，这就意味着，苦无处不在。有人把困难看成是不可逾越的，早在内心埋下了恐惧的种子，一碰到麻烦，还没看清楚麻烦的模样就已经胆怯了。这种想法只能让他保持原地不动，不敢勇敢无畏地去尝试解决困难。

正确的心态应当是：不要把困难想得太简单，也不要把困难想得太难，知道它是工作与生活的一部分，积极地去想办法，把注意力转移到如何解决问题上，就会冲淡"苦"的氛围。

**3.改变对苦的看法**

一位企业家曾经说："你想过普通的生活，就会遇上普通的挫折。如果想过最好的生活，就会遇到最强的伤害。"

这世界很公平，你想要最好，往往会让你最痛，能闯过去就是赢家。苦，是一种磨难，亦是一种历练，更是一种收获。当你懂得珍惜每一份经历时，它就会成为你最宝贵的财富。

没有人的成功是随随便便的，所以不要在最能吃苦的时候选择安逸。不管你现在在哪里，如果你想要成为别人无法企及的勇士，那就微笑着去付出别人无法企及的努力，悦纳成功路上注定不会缺失的那一份辛苦。

## 一万小时定律

非常著名的"一万小时定律"，是由畅销书作家格拉德威尔提出的。格拉德威尔认为，要成为某个领域的专家，需要一万个小时，按比例计算就是：如果每天工作八个小时，一周工作五天，那么成为一个领域的专家至少需要五年。

"一万小时定律"是格拉德威尔在调查研究的基础上提出的。他的

## 斗争决定成败

研究显示，在任何领域取得成功的关键跟天分无关，只是练习的问题，需要练习1万个小时：10年内，每周练习20个小时，每天大概3个小时。每天3个小时的练习只是个平均数，在实际练习过程中，花费的时间可能不同。

20世纪90年代初，瑞典心理学家安德斯·埃里克森在柏林音乐学院也做过调查，学小提琴的人大约从5岁开始练习，起初每个人都是每周练习两三个小时，但从8岁起，那些最优秀的学生练习时间最长，9岁时每周6个小时，12岁时每周8个小时，14岁时每周16个小时，直到20岁时每周30多小时，共计1万个小时。

"一万小时定律"在成功者身上也得到过验证。作为电脑天才，比尔·盖茨13岁时有机会接触到世界上最早的一批电脑终端机，开始学习计算机编程，7年后他创建微软公司时，已经连续坚持了7年的程序设计，超过了1万个小时。欧洲最伟大的古典主义音乐家之一莫扎特，在6岁生日之前，作为音乐家的父亲已经指导他练习了3500个小时。到他21岁写出脍炙人口的第九钢琴协奏曲时，可想而知他已经练习了多少个小时。象棋神童鲍比·菲舍尔，17岁就奇迹般奠定了大师地位，但在这之前他也投入了10年时间的艰苦训练。

"一万小时定律"的关键在于，1万个小时是底限，而且没有例外之人。没有人仅用3000个小时就能达到世界级水准；7500个小时也不行。1万个小时的练习，是成功的必经之路。

写出《明朝那些事儿》的当年明月，5岁时开始看历史书，《上下五千年》11岁之前读了7遍，11岁后开始看《二十四史》《资治通鉴》，然后是《明实录》《清实录》《明史纪事本末》《明通鉴》《明会典》和《纲目三编》。他陆陆续续看了15年，大约看了6000多万字的史料，每天都要学习两个小时。把这几个时间数字相乘，15年乘2小时再乘以365天，等于10950个小时。

美国游泳健将麦克·菲尔普斯，除了手脚特长的天赋异禀，他每天坚持练习8个小时，全年无休，这样持续五六年，方能缔造一人在一届奥运会上独得八枚金牌的奥运奇迹。

世界田坛巨星，2015年退役的"飞人"刘翔，我们只看见他在赛场上的风驰电掣，一骑绝尘，可是为了在赛场上的10多秒的辉煌，他从7岁开始苦练，不知跑了几个一万小时，汗水流了几吨，经历了无数挫折和失败，才换来了"阳光总在风雨后"。

原青岛港桥吊队队长许振超，能把吊装技术练得像绣花一样精细，丝毫不差，多次在吊装技术比赛中技压群雄，还多次打破世界港口吊装纪录。为了这"一招鲜"，他至少练了30年，苦心孤诣，练习不辍，足足有好几个一万小时。

人们都羡慕那些成就非凡的弄潮儿，可是有没有想到，他们其实也和我们一样是平常人，之所以能脱颖而出，就是因为他们有超常的耐心和毅力，肯花1万个小时甚至更多的时间来训练和学习积累，所以才能水滴石穿，终成正果。如果我们也想像那些杰出人物一样出类拔萃，就先别埋怨自己没有机会，不逢贵人，怀才不遇，而是先问问自己功夫下得够不够，有没有付出过1万个小时的努力。

无数事实证明，一个人只要不是太笨，有这一万个小时的苦练打底，即使成不了大师、巨匠，至少也会成为本行业的一个具有丰富经验的专家，一个对社会有用的人。

## 超越昨天的自己一点点

有了一些小成绩就不求上进，这完全不符合我的性格。攀登上一个阶梯，这固然很好，只要还有力气，那就意味着必须再继续前进一步。——安徒生

在一家广告公司做文字录入的S，打字速度很快，写作能力也不错。同样的一项任务，别人要用五个小时来完成，S只要三个多小时就能做好。可有一回，同事发现S明明已经打完了一篇稿子，却又重新建立一篇文档，重复录入已完成的稿子。

起初，同事并没有把这件事放在心上，以为S可能是忘记保存了，所以才要重新做。可是后来，同事一连几次都发现S在做这样的事，当主管问起工作的进度时，S总是说"快好了"。原来，S是不想因为自己做得太快而被安排更多的工作，就把已经录入完的稿子保存好，等

老板急着要的时候，再把它拿出来，其余时间就在那里重复录入，装作忙碌的样子。

像S一样的职场人，其实并不在少数，总是畏惧多干活、多承担，感觉所拿的工资不值得做那么多事情，就想办法让自己偷点懒。看似"聪明"，实则糊涂。我们早就说过，工作不是给老板做的，做事比别人快，是证明你有能力的一种方式，而承担更多的事情，也是提升自我能力的途径。S自以为这样做很保险，可是她忘了，职场是一个不进则退的地方，你在原地踏步的时候，也许有人已经赶超了你、取代了你。

企业需要有高度进取心的人，对这一点，不少知名企业的CEO都曾明确说到过。

美国通用公司前总裁杰克·韦尔奇认为："员工的成功需要一系列的奋斗，需要克服一个又一个困难，而不会一蹴而就。但是拒绝自满可以创造奇迹，所以我们要时刻准备超越一秒钟前的自己。"钢铁大王卡内基也认为："有两种人绝不会成大器，一种是非得别人要他做，否则绝不主动做事的人；另一种则是即使别人要他做，也做不好事情的人。那些不需要别人催促，就会主动去做应做的事，而且不会半途而废的人必将成功，这种人懂得要求自己多付出一点点，而且做得比别人预期的更多。"

老板欣赏的是那些喜欢真正做点事情的员工，他们能自觉地、主动地努力，影响和带动周围的人。倘若一个人缺乏进取心，总是抱着应付、得过且过的态度，且不说无法给企业创造什么价值，就连他自己的职业生涯，也会被这种消极自满断送掉。

　　一个人只有不满足于现状，不断去提升和改变，才能更上一层楼。

　　美国广播公司的晚间新闻当家主播彼尔斯·哈克，没有接受过大学教育，可他一直把事业当成自己的深造殿堂。他在做了三年主播后，毅然辞掉了这个令人羡慕的职位，跑到了新闻第一线去做记者，接受磨炼。他在美国国内报道了许多不同类型的新闻，并成为美国电视网第一个常驻中东的特派员，后又搬到伦敦，成为欧洲地区的特派员。历经这些磨炼后，他重新回到主播的位置。此时的他，再不是当年那个初出茅庐的年轻小伙了，而是一位成熟稳健、深受观众喜爱的记者。

　　爱莫斯·巴尔斯是百货业公认的伟大推销员之一，他极具进取精神。直到晚年，他依然保持着敏锐的头脑，不断涌现出令人称奇的新想法。每当有人因取得的成绩向他表示祝贺时，他都表现得很从容，然后告诉对方："你来听听我现在这个新想法吧！"到了94岁高龄时，他不幸罹患绝症，有人打电话向他表示慰问，他却丝毫没有悲伤的情绪，而是说："我又有了一个新的想法。"仅仅两天后，他就与世长辞了。他一生都在不断地挑战自己、超越自己，从没有认为自己已经完成了一切，而是永远朝着下一个目标前进，哪怕是在死神面前。

　　如果一个人把事业上取得的小成就视为终点，不再像过去那样对实现目标感到兴奋和激动，那么他很有可能会出局。生活的目标是没有界限的，唯一的界限是继续往前走还是停留在原地，或者是干脆放弃。我们看到了，优秀的人全都选择了进取，达到一个目标后，会接着设定下一个目标，再度接受挑战，不会丧失热情和创造力。积极进取，改变自己，不是幻想着一蹴而就，而是要稳扎稳打，依靠着点滴的努力，循序渐进地提升。

一位野外摄影记者，曾经独自到亚马孙河的密林中拍照，结果迷失方向。他唯一能做的就是按照指南针指示的方向，拖着沉重的步伐朝着密林深处走去。

在酷热和季风带来的暴雨中，他要长途跋涉320千米，极其艰辛。刚走了一个小时，他的一只长筒靴的靴钉就扎进了另一只脚，傍晚时双脚都已经磨出了像硬币那么大的血泡。他能走完剩下的220千米吗？他以为自己完了，但又不得不走，为了在晚上找个地方休息，只能一千米一千米地走下去。然后，你知道吗？他真的走出了亚马孙丛林。

其实，进取的过程犹如在丛林里长途跋涉，不可能一下子到终点，只要保证不断超越前一秒的自己，每走一段路都能留下坚实的脚印，定能使自己无限的潜能化为不凡的成就。